U0740877

十大发明家（1）

·十大科学家丛书·

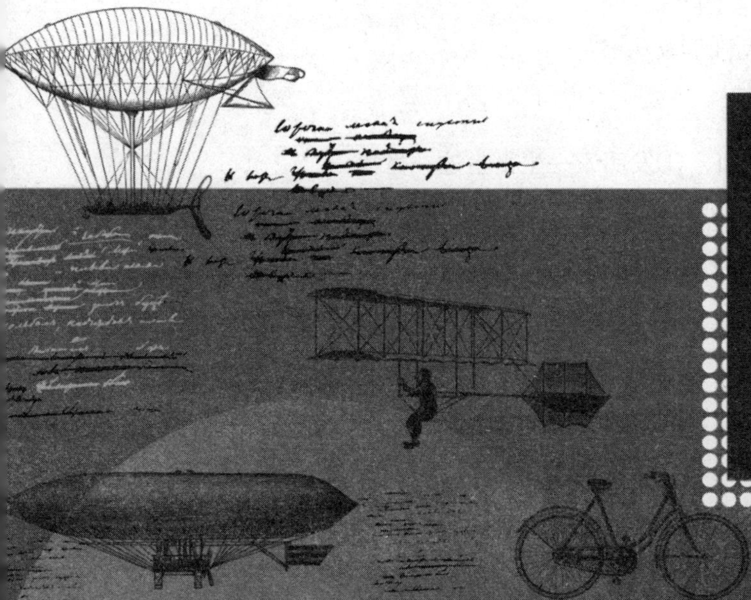

周文斌 主编

远德玉
　　　　著
杨英辰

广西科学技术出版社

图书在版编目（CIP）数据

十大发明家（1）/ 远德玉等著. —2 版. —南宁：广西科学
技术出版社，2012.5（2020.6重印）

（青少年阅读文库. 十大科学家丛书）

ISBN 978-7-80619-123-1

Ⅰ. ①十… Ⅱ. ①远… Ⅲ. ①发明家—生平事迹—世界—
少儿读物 Ⅳ. ① K816.1-49

中国版本图书馆 CIP 数据核字（2012）第 116734 号

十大科学家丛书

SHI DA FAMINGJIA (1)

十大发明家（1）

远德玉　杨英辰　著

责任编辑	池庆松	**封面设计**	寒林设计工作室
责任校对	黄博威	**责任印制**	韦文印

出 版 人	卢培钊
出版发行	广西科学技术出版社
	（南宁市东葛路 66 号　邮政编码 530023）
印　　刷	永清县晔盛亚胶印有限公司
	（永清县工业区大良村西部　邮政编码065600）
开　　本	700mm×950mm　1/16
印　　张	9
字　　数	107 千字
版次印次	2020 年 6 月第 2 版第 7 次
书　　号	ISBN 978-7-80619-123-1
定　　价	20.00 元

本书如有倒装缺页等问题，请与出版社联系调换。

少年科学文库

《十大科学家丛书》

选题策划：黄　健
主编：周文斌

代序　致二十一世纪的主人

钱三强

　　时代的航船将很快进入 21 世纪，世纪之交，对我们中华民族的前途命运，是个关键的历史时期。现在 10 岁左右的少年儿童，到那时就是驾驭航船的主人，他们肩负着特殊的历史使命。为此，我们现在的成年人都应多为他们着想，为把他们造就成 21 世纪的优秀人才多尽一份心，多出一份力。人才成长，除了主观因素外，在客观上也需要各种物质的和精神的条件，其中，能否源源不断地为他们提供优质图书，对于少年儿童，在某种意义上说，是一个关键性条件。经验告诉人们，往往一本好书可以造就一个人，而一本坏书则可以毁掉一个人。我几乎天天盼着出版界利用社会主义的出版阵地，为我们 21 世纪的主人多出好书。广西科学技术出版社在这方面作出了令人欣喜的贡献。他们特邀我国科普创作界的一批著名科普作家，编辑出版了大型系列化自然科学普及读物——《少年科学文库》。《文库》分"科学知识"、"科技发展史"和"科学文艺"三大类，约计 100 种。《文库》除反映基础学科的知识外，还深入浅出地全面介绍当今世界最新的科学技术成就，充分体现了 90 年代科技发展的前沿水平。现在科普读物已有不少，而《文库》这批读物特有魅力，主要表现在观点新、题材新、角度新和手法新、内容丰富、覆盖面广、插图精美、形式活泼、语言流畅、通俗易懂，富于科学性、可读性、趣味性。因此，说《文库》是开启科技知识宝库的钥匙，缔造21世纪人才的摇篮，并不夸张。《文库》将成为中国少年朋友增长知识、发展智慧、促进成才的亲密朋友。

亲爱的少年朋友们，当你们走上工作岗位的时候，呈现在你们面前的将是一个繁花似锦的、具有高度文明的时代，也是科学技术高度发达的崭新时代。现代科学技术发展速度之快、规模之大、对人类社会的生产和生活产生影响之深，都是过去无法比拟的。我们的少年朋友，要想胜任驾驶时代航船，就必须从现在起努力学习科学，增长知识，扩大眼界，认识社会和自然发展的客观规律，为建设有中国特色的社会主义而艰苦奋斗。

我真诚地相信，在这方面，《少年科学文库》将会对你们提供十分有益的帮助，同时我衷心地希望，你们一定为当好21世纪的主人，知难而进、锲而不舍，从书本、从实践吸取现代科学知识的营养，使自己的视野更开阔、思想更活跃、思路更敏捷，更加聪明能干，将来成长为杰出的人才和科学巨匠，为中华民族的科学技术实现划时代的崛起，为中国迈入世界科技先进强国之林而奋斗。

亲爱的少年朋友，祝愿你们奔向21世纪的航程充满闪光的成功之标。

前　言

　　《十大科学家丛书》是《少年科学文库》中的科学家系列图书，在这套内容丰富、规模庞大的文库里，为什么要给科学家的故事留下重要的一个席位呢？只要看一看当前的书刊市场，我们便不难找到这个问题的答案。

　　如果你是一位家长，如果你有一个上中小学的孩子，如果你的孩子陷入了"追星族"、"发烧友"的狂热之中，而你又想改变孩子的兴趣和注意力，使孩子树立正确的人生观和价值观，那么你一定想带孩子到书市去转一转，为他（或她）选购几本具有正确价值取向、能鼓励人们奋发向上的课外读物。这时候，你也许会感到失望和沮丧。你会发现适合青少年阅读的这类图书实在太少太少。

　　在社会上的各类人群中，科学家是最应受到尊敬的人群之一。他们的力量最大，能改变人们的观念，改变生产和生活方式，改变整个社会面貌；他们的奉献精神最强，是他们把知识和智慧酿造成甘霖，洒向全世界，造福全人类；他们的思想境界最高，对自然规律的刻苦探索和深邃了解，是他们毕生的追求。今天，我们每一个人无不在享用着科学的恩惠，我们没有理由不去歌颂科学家的功德，没有理由不使科学家成为我们和我们的后代所崇敬和学习的榜样，没有理由不引导我们的青少年去追寻科学家的足迹，发扬他们的精神，继承他们的事业。正是出于这种考虑，我们的科普作家和出版家们才对《十大科学家丛书》的写作和出版投入了极大的热情。

全套丛书共分 10 册，较为系统地介绍了 100 名科学家的生平事迹和主要成就。他们都是世界或我们国内一流的科学家和发明家。他们的名字已被永远镌刻在人类科技发展史上。一切有兴趣阅读这套丛书的青少年，一定会从中获取力量，获取智慧，获取热情，获取对未来的新向往，惟有这一点，才是作者和编者的共同愿望。

周文斌

编者的话

发明家，这是一个十分诱人的称号。自古以来，无数发明家作出了许许多多的发明，把人类的幻想变成了现实。发明家的发明就像一颗颗璀璨的明珠，照耀着人类生活前进的道路，使人类的生活变得日益丰富和美好起来。也许正因为这样，在历史上，不知有多少人，从孩童时代起，就曾幻想过，将来也要当一个发明家，以便使人类的生活更加美好。

那么，怎样才能成为发明家呢？这可不是用简单的语言就能作出完满回答的。因为发明家并不是按照某种固定的公式走向成功的。历史上的发明家有各式各样的人，走过并不完全相同的道路。他们中有的人出身贫寒，但却肯于艰苦奋斗；有的家境富裕，因而受到了良好的教育和科学文化的熏陶。有的性格内向，靠独立钻研取得成功；有的性格开朗，靠集体智慧，群策群力，使发明获得迅速推广应用；有的人从小就表现出杰出的才华，在青少年时代就有所发明；有的则在青少年时代表现平常，但是却大器晚成。因此，不能说什么样的青少年，将来才能成为发明家，只能说，不论什么人，只要他努力发挥自己的创造才能，都有可能成为发明家，"人人皆可为尧舜"。读一读历史上发明家的故事，就自然地会得到这样的答案。

既然人人都有可能成为发明家，为什么有的人做出了杰出的发明贡献，而有的人在一生中却一事无成呢？当你读了发明家的故事的时候，就会发现，发明家所走过的路尽管千差万别，但又都是走过一条探索者之路。发明家的任务在于发明，要发明新的技术原理，发明新的工艺，发明新的工具和设备。就是说，发明家要做以前没人做过的事，制作前人没有制作过的东西。发明就是创造，为要创造就要探索。为此，许多发明家在青少年时代就为未来的探索和创造作好了准备。譬如，他们在少年时代都有很强烈的好奇心，并永久地保持它。由好奇而发问，因发问不得其解，便去努力求知。求知才能继承，也只有继承才能创造。又譬如，他们在探索的过程中，都有很强的自信心，相信自己能有所创造，这是成功的首要条件。他们又都是具有丰富想象力的人，没有想象力的人是不会有所创造的。他们更是一些能正确对待失败的人。谁如果不准备在失败、挫折、厄运中继续探索，谁就永远也不会享受到成功的欢乐。每个人都有无穷的创造潜力，发明家正是充分挖掘了这种潜力，使它变成了现实的力量。发明家与非发明家的根本区别也就在这里。

要讲发明家的故事，似乎应该从原始发明家的故事讲起。因为据说，现代人生活中的衣、食、住、行，约有70％可以从原始人那里找到它们的原型。譬如，现代人穿的衣服仍然是把纤维捻成线，按经纬编织而成的，这一原理就是原始人发明的；熟食并不是现代人的创造，同样是原始人的发明；没有原始人的日晒砖也许不会有今天的砖瓦；至于现代人的代步设备是各种各样的车，任何一种车几乎都有车轮，而车轮也是原始人的发明。可惜的是原始人还没有文字，原始发明家的业绩已无从查考，原始发明家的故事只能到神话中去寻觅了。

人类有文字记载的历史中有无数发明家，这里撷取的仅是其中十个发明家的故事。虽然是挂一漏万，但从个别可见一斑。从个别发明家的故事中，不仅可以看到发明家的杰出发明和对推动人类历史前进所做的贡献，更可以从发明家所表现出来的探索与献身精神、思想品德风貌中，受到教育，得到启迪。爱因斯坦曾经说过："只有伟大而纯洁的人物的榜样，才能引导我们具有高尚的思想和行为。"愿我们少年朋友的心灵中，都有几个发明家的形象，并用这些形象来鼓舞自己，在未来的四化建设中，有所创造，有所发明。

编　者

目　录

博学多艺的发明家张衡

在北京中国历史博物馆里，有两项中国古代的杰出发明极为引人注目，一个就是能演示并能观测天象的浑天仪，另一个就是那台世界上最早的能测定地震的地动仪。它们的最初发明者不是别人，乃是我国东汉的著名科学家、文学家和画家张衡。张衡不仅发明了浑天仪、地动仪，还曾发明了能观测风向的候风仪，据说还曾制造了指南车以及可以计算路途里程的记里鼓车。因此，张衡又是一位当之无愧的发明家。

博学方能多艺

张衡，字平子，公元 78 年诞生于一个没落的官僚家庭里。现在河南省南阳县城北五十里有个鄂城寺，寺东有一块地方叫"平子读书台"，据传张衡的故居就在这里。祖父张堪，做过蜀郡太守和渔阳太守，为官清廉，所以身后并没有给后代留下遗产。到张衡出生时，家境更为衰落了，有时还要靠亲友的接济过日子。也许家境的清苦对张衡的成长并不是一件坏事，这使他自幼便激励向上，发愤读书。自从汉武帝"罢黜百家，独尊儒术"之后，到东汉时代一般仕宦家庭的子弟，读书时都把儒家的书作为经典，因为只有读了《诗经》、《书经》、《易经》、《礼记》、《春秋》之后才能当官。但张衡的兴趣却很广泛，除了读经书，还非常喜欢文学

和自然科学。有人夸他是"焉所不学，亦何不师"，意思是说没有什么他不想学，没有什么人他不想请教。他在十多岁的时候，就已经读了很多书，积累了不少知识。同时，他也喜欢到实践中去学习，增长活的知识。

有一天，他和两个同学到南阳郡的首府宛城去。这地方是个铁器之乡。当他们经过一家铁器店时，便被铁匠们叮叮啮啮打铁的情景吸引住了。

张衡好奇地问："制造铁器的原料是什么呢?"有人就指指店铺一角堆得满满的铁锭。

张衡接着又问："这铁锭又是从哪里来的呢?"有人告诉他，那是城外炼铁炉里炼出来的。但是张衡并没有以此为满足，在好奇心的驱使下，张衡非要弄清铁到底是怎样炼出来的不可。

炼铁炉在宛城东北的白河边。张衡和同学在第三天回家时，特地绕道去那里看了看。那里有一排炼铁炉，炉里装着铁矿石，每座炉子都有几只风箱在鼓风，炉火熊熊，比铁匠铺的情况壮观多了。他们越看越惊奇，因为铁匠铺的风箱是用人手来拉动的，可是这里为什么没有人拉风箱呢?

原来这里的风箱应用了一项新的发明。它是用水力带动的一种鼓风装置，这种装置叫水排。据说，东汉初年，南阳太守杜诗就曾用水排进行鼓风铸造。白河水日夜川流不息。人们在河中筑坝拦水，使河水更加湍急。在急流中装一只水轮，被水冲得不停地旋转。旋转的水轮带动一根很长的轴旋转，再通过轴上的齿轮和机构把动力传给能够来回拉动风箱的铁杆。轴上有一长排这样的机构，不用一个人就带动几十只风箱自动地连续鼓风。

这种把旋转运动转换为往复运动的水排，使张衡感到非常惊奇，在他的脑海里留下了深刻的印象，并为他日后的发明作了知识上的准备。

不过，此时的张衡由于受到社会环境的影响，并不想当一个科学家和发明家，而是一心想当个文学家。为了实现这一目的，张衡从17岁时就开始出外远游，访师求学。他首先游历了汉朝的故都长安（今陕西西安一带），又游览了太华山、终南山等名胜，考察了关中各地的历史、文物、山川险要以及物产、风俗，收集了有关长安宫殿的规模、市井制度、商业贸易等各方面的资料。在这一过程中，他看到了官僚贵族的骄奢淫逸，更看到了平民百姓生活的艰难和困苦，这使他受到极大的震动。

张衡游历了长安之后，又来到了当时的京师洛阳。这里设有全国的最高学府，即太学。因为他未曾经过地方官吏的推荐，所以不能成为太学府里的"博士弟子"，进入太学学习和参加讨论。但他以虚心好学的精神，克服各种困难，拜访名家，虚心求教。在洛阳居留的五六年中，结识了不少意气相投、有才学的朋友，其中尤其和崔瑗的友谊最深。崔瑗对天文历算很有研究，张衡就经常与其切磋琢磨，交换学习心得。这对他后来从事天文历算的研究产生很大影响。由于张衡博采众家之长，又苦心攻读，既阅读各家各派的著作，又和各派学者一起评论古今，议论天下大事，这样的学习方法比进入大学做博士子弟，更能学到真正的知识。仅几年的工夫，张衡通过自学已经成为"贯五经，通六艺"的学者，就是说他不但熟悉经书，而且对当时人们所称道的"礼、乐、射、驭、书、数"这六艺也已精通，在京师中已经小有名气了。

从政之余搞研究

在我国，大致从汉代起，文人学士只要能熟读经书，就能去当官了。在张衡小有名气之后，地方上或部府里曾多次推荐或招聘他去做官，但都被他拒绝了。

公元 100 年，张衡 23 岁的时候，新任南阳太守鲍德因倾慕张衡的才华，邀请他回乡担任主簿，即掌管文书工作。张衡比较了解鲍德，并且南阳又是自己的家乡，所以才欣然前往。在办理政务之余，他把时间仍都用来读书和研究学问，并开始潜心于文学创作。他以游历长安和洛阳的见闻为素材，经过多年的酝酿，反复推敲修改，在他 29 岁的时候，终于完成了《二京赋》（即《东京赋》和《西京赋》）的创造。这两篇文章既描写了长安和洛阳的繁华，更揭露了达官贵族的腐朽寄生生活。文章写得极富文学修养，读来朗朗上口，很快便广泛流传，并成为传世佳作。

公元 108 年，鲍德离任。张衡没有与其同行，便辞职回家继续研究学问。在此期间，掌握当时朝政的皇亲大将军邓骘为了笼络士人学者，几次派人邀请张衡去作他的僚属。由于张衡一心想钻研学问，加上他厌恶外戚专权，所以婉言谢绝了。公元 111 年，当时的皇帝汉安帝派人来召他进京去做郎中，张衡只得前去赴任。这虽然只是尚书台衙门里担任文书工作的小官，但此次为官却成了他事业生涯上的一个转折点。

在宫廷里值班当差，比较清闲，难得的是可以有机会看到许多不常见的书。特别是一本叫作《太玄精》的书引起他的极大兴趣。《太玄精》是西汉末年哲学家杨雄写的自然哲学著作，体裁和《易经》差不多，主要研究哲学，也涉及许多天文、历算方面的问题。这本书内容艰深，所以人们都不肯读它。有人挖苦说："这种书恐怕只好拿去盖酱罐"。张衡可不这样认为，他一心想研究学问，对《太玄精》逐字逐句地琢磨，并且写出了《太玄经注解》和《太玄图》。由此启发了张衡，使他产生了想揭示宇宙之奥秘的强烈愿望。从此，他的研究兴趣发生了逆转，由文学转向了天文历算等自然科学方面的研究。

有一种说法：一个人之所以能成为某一方面的人才，就是因为他从儿童时代就有这一方面的兴趣和爱好。就是说，儿时的兴趣爱好决定着一个人的成长道路。当然这样的例子是很多的。但也有相反的例子，因为儿时的兴趣是一种直接兴趣，这种兴趣是朴素的，也不是自觉的。因此，儿童时代的兴趣是多样的，有时受到一个事物的启发，就产生了一种兴趣。这种兴趣是不稳定的，而且是多变的。张衡就是这样，儿童时代似乎对什么都有兴趣。不仅喜欢文学，而且对天文地理都有兴趣。比如，当他看到一本诗集上有关北斗星的几句话时，他就开始在夜里观望天空。书上说：

"斗柄指东，天下皆春；

斗柄指南，天下皆夏；

斗柄指西，天下皆秋；

斗柄指北，天下皆冬。"

当张衡根据这几句话反复仰望天空之后，就画成一幅图，真正悟出了这几句话的含义。同时，他又发现，在同一季节里，北斗星的位置也不完全相同。如早春时斗柄指向东北，暮春时却又指向东南。由此他想到，要弄清北斗的旋转，一定要在不同的季节、不同的时刻都要仔细观察才行。应该说，这时他对天文观测已经有了兴趣，可是当他游历京都之后，又下决心想当文学家。在他真的有了广博的知识之后，他的兴趣又改变了。这时的兴趣已经和儿童时代乃至少年时代的兴趣不同了，这是一种志趣，为了实现揭开宇宙奥秘的愿望，他要矢志不移，奋斗不息。

由于张衡对天文历算有所研究，所以在他31岁的时候，被调任太史令。太史令是主持观测天象、编制历法、候望气象、调理钟律（计量和音律）等事物的官员。他在这个职位上任职14年，对天文历算进行了精深的研究，并在此基础上，发明了描述天象的"水运浑天仪"，为我国古代天文学的发展做出了重大贡献。

浑天仪的由来

古代的发明家和现代发明家不同，现代发明家往往必须具有现代科学知识，然后才会有所发明。而古代发明家多出身于工匠，也许并没有多少科学知识，但仍可以作出发明。张衡与古代的许多发明家不同，他既是发明家，同时又是一位天文学家。浑天仪的发明就是在古代天文学说的指导下做出的。这一点就和现代发明家相似了。

我国是世界上天文学发达最早的国家之一。到汉代时，大致有三种关于宇宙结构的学说，一是盖天说，认为天象一个半圆形的罩子（天象盖笠），大地象一个倒扣着的盘子（地法覆槃），这是由天圆地方说发展而来的。二是宣夜说，这种学说认为天没有一定形状，而是无边无际的充满气体的空间，日月星辰就漂浮在这些气体中间。三是浑天说，主张天体都是圆形的，即"天体如弹丸"。

张衡根据自己的观测和对天体运行规律的研究，认为浑天说比较符合观测实际。他在总结前人和自己观测研究资料的基础上，写出了《灵宪》这部在世界天文学史上占有重要地位的不朽著作。在这部著作里，他进一步发挥了浑天说的思想，使浑天说成为较为系统的宇宙结构理论。张衡在这部书里说："浑天如鸡子。天体圆如弹丸，地如鸡中黄，孤属于内。天大而地小，天表里有水，天之包地，如壳之裹黄，天地各乘气而立，载水而浮。"意思是说，浑天像个鸡蛋，天体都是圆的。天包着地，就像鸡蛋壳包着蛋黄，天和地都依赖气体而得以自立，张衡在这时已认识到不仅天是圆的，而且地球也是圆的，这是一个了不起的见解。当然，认为"天表里有水"等说法则又是一个重大的缺欠。浑天说虽然是一种以地球为中心的宇宙理论，由于它能在当时条件下，比较近似地说明天体的运行，所以对后来的天文学有重要影响，特别是由于张衡在《灵宪》一书中提出了许多独到的见解，更为后人所称颂。比如按他所揭示的天体运行规律，阐明了夏季日长夜短，冬季日短夜长的原因，认为月亮自身不发光，月光只是日光的反射，圆满解释了月亮圆缺和日蚀现象等等，都是很有见地的。

为了把他的浑天说的天体结构形象地表示出来，张衡开始绘制天球图，并在天球图的基础上研制成功了能演示天体运动规律的浑天仪。据说，在这一过程中，曾有一段有趣的故事。这故事真实地反映了张衡发明浑天仪的过程。

有一天，张衡正在绘制天球图，他第一次到洛阳时就结交的老朋友崔瑗突然来访。

崔瑗对张衡说："不知你最近有什么新作，可以指教一二吗？"

"很惭愧，没有什么成绩呵。"张衡说着，指指墙壁上的图："我正在琢磨这张图呢，就请你指教吧。"

崔瑗看了看，很快就明白了。张衡画的是天的模型。天是浑圆浑圆的，地在天球的球心，比起茫茫的天球来，地只是小小的一点。人站在地上，只能看见上半个天。下半个天是用淡墨涂着的，那是人们看不见的半个天。在天球中间画着一根横线，可以看作是地平线。星星到了地平线以下，人们就看不见了。人们所能看到的只是地平线以上的星星。

在崔瑗对这张图作了如上的解释之后，张衡连连点头说："你不愧是懂天文的行家，我琢磨了好多天才画出来的，可是你一看就明白了。"随后张衡又指出崔瑗并没有把这张图讲完。

崔瑗又对图看了一会儿，指着图上的一个点，说："这里是北极吧？"

张衡点点头。

崔瑗又接着说了下去："在洛阳，北极距地平线 36 度。北极附近的星都绕着北极转，如果一颗星的星距不超过 36 度，那这就会东升西沉，转来转去都在地平线以上。"

璀瑗又指着图上的那根横线说："这根虚线本来是在球面上的弧线，此线以北的星都是不沉的。"

张衡听了非常佩服，并补充说："这不沉的星，可以称之为常明星，我已经认真数过，一共有 124 颗。"

张衡继续说："天球既然有一个北极，当然也应该有一个南极，它应该在地平线以下 36 度。那里也应该有许多星，但它转来转去都在地平线以下，我们在洛阳是看不见的，如果往南走过去，也可能看到一些。"

听到这里，崔瑗连连称赞道："你的猜想对极了。去年我曾到南方住了几个月，那里的北极星低，连北斗星也会转到地平线以下去，常明星当然比洛阳少。但是，在那里却看到一些星，有的非常明亮，是洛阳从来没见过的。"

听到崔瑗的实例证明，张衡非常高兴，对自己的天体运动模型更增加了信心。这时，他看见他的夫人和丫鬟正在做点心，便奔向房外，洗洗手，抓了一个大面团，又抓了一把芝麻撒在案板上，把面团往芝麻上一滚，然后取了一根筷子，把面团刺个对穿。张衡把筷子斜着，和地平线成 36 度交角，手握筷子两端，使面团旋转起来，对崔瑗说："这个面团好比天球，上面的芝麻好比星星，筷子两端的地方就是南极和北极。天球绕着南北极旋转，星星跟着天球一起转。面团上的芝麻上上下下，很像星星东升西沉；而北斗星附近的芝麻，就像斗转星移。"

张衡和他的老朋友就是这样地研究着，思考着，不仅使他用一种仪器演示天象的想法更加坚定，而且有了具体的构想。他一方面研究了前人留下来的仪器，细心观察日月星辰的位置和出没规律，绘出了一张有 2100 颗恒星的星图；另一方面则着手用薄竹片，试着制作球体模型。经过一年多的反复试验，终于在公元 117 年，用精铜铸成了一台正式的仪器——浑天仪。

浑天仪的主体是一个球体模型，代表天球。球体可以绕一个轴旋转，这个轴叫天轴。天轴和球面有两个交点，一个是天北极，一个是天南极。在球面上刻着二十八宿和其他恒星。古代天文学家把日、月、五星（金、木、水、火、土星）运动所经过的天区的可见恒星分成二十八组，称为二十八宿。所谓"宿"就是月、日的住处。除二十八宿外，球面上还有赤道圈和黄道圈。由于天轴和地球自转轴是一致的，所以地球赤道平面和天球赤道平面是重合的。当时的人们认为太阳是绕地球运行的。所谓黄道圈实际上就是地球绕太阳公转轨道平面和天球相交的大圆。黄道圈和赤道圈互成24度角，其上各刻有二十四节气。另外，球体外面又套上两个圆环，一个是地平圈，另一个是子午圈（通过南北极和天顶的圆环）交叉环套，互成36度角。天球平露在地平圈上，半隐在地平圈下。通过这样一套结构，当天球转动起来以后，就可以把天体现象几乎全部演示出来了。

当张衡制成了浑天仪之后，又觉得它不够完善，因为它不能自行运转。永不停止探索又善于创造的张衡，运用他所积累的广博知识，经过精心设计，又创造了以水为动力带动浑天仪自动运转的机构，发明了水运浑天仪。当时的人们已发明了一种计时装置，叫漏壶。张衡利用漏壶的等时性，以漏水为原动力，通过一套齿轮系的传动，就可以使浑天仪每日均匀地绕轴旋转一周，这样就以把天象的变化形象地演示出来了。人只要坐在屋子里看看仪器，就可以知道哪颗星从东方升起，哪颗星已经到了中天，哪颗星就要落到西方去了。如果再走出屋一看，天空中的实际情况恰好和浑天仪所显示的情况相似。利用这一仪器的帮助，张衡获得了前人所未得到的许多天文数据，有些数据已接近两千年后的今天所测得的结果。为了说明浑天仪的原理和使用方法，他又写出了《浑天仪图注》与《漏水转浑天仪注》两本著作。

水运浑天仪是有明确记载的世界上第一台自动天文仪。它具有完整的动力系统、传动系统和工作系统，因此，又可以说它是世界上最早的完整的机器系统。由于它可以报告时刻，所以它还是世界上最早的天文钟。在一千八百多年以前，我们中国人就能制造出这样复杂而又精巧的仪器，确实是非常了不起的。十分可惜的是，正像中国许多古代的重大发明随着发明者的人亡而失传一样，水运浑天仪到东晋以后就失传了。后人为了获得同样的东西，又不得不重新使用。张衡之后，又有许多人一再地发明浑天仪。流传至今的只有现在北京建国门观象台上的一架天球仪，这是清朝年间制造的，和张衡的浑天仪相似，但不能自动。中国历史博物馆里的浑天仪则是一种仿制品。

杰出的发明　罕见的人才

张衡虽然"才高于世"，但是却毫无"骄尚之情"。在完成了浑天仪的发明之后，他丝毫没有自满，继续向新的领域进军。他一方面深入研究天文、历算，另一方面对数学、物理学、机械制造等也开始探讨研究。在这期间，张衡的职务不断发生变动，时升时降。有人说他官运不通，他却回答说：不做官有什么要紧，重要的是修养品德，研究学问。正是由于他能以这样的态度处理当官与做学问的关系，所以使他对学问的研究日益情深，并不断地有所创造发明。

张衡在担任太史令期间，不仅负责观测天象，还要负责观测各种灾象。我国自古就是一个多地震的国家。早在三千八百多年以前，我国就已有了关于地震的记载，并开始探讨地震的原因。东汉时期，地震比较频繁。地震区有时涉及几十个郡县，引起房倒屋塌，江河泛滥，百姓死伤惨重。当时由于交通不便，即使某个地方发生了地震，要好多天才能将消息传到京城，想组织抢救也来不及。张衡由此便想到，能不能用什么办法改变这种状况呢？他在查阅各地地震的情报和记录，探讨地震前的迹象和地震时的动态，细心研究前人关于地震的论述后，经过多年的思考和试验，终于在公元132年发明了可以测定地震方向的地震仪，即候风地动仪。

地动仪是用精铜铸成的。圆经八尺（当时的一尺等于现在的23.68厘米），形状像一个大酒坛，上有隆起的圆盖。仪器内部中央立着一根铜质的"都柱"（相当于一个倒立型的震摆），柱旁有八条通道。每条道上都有一发动机关"牙机"。仪器外部铸着八条龙，头朝上，尾朝下，按东、南、西、北、东南、东北、西南、西北八个方向排列。每只龙嘴里都衔有一个铜球。地上对准龙嘴蹲着八个铜蛤蟆，张口上承。如果哪个方向发生地震，地动仪内部的"都柱"就会向那个方向倾斜，触动道中的"牙机"，使那个方向的龙嘴里的铜球被吐了出来，落到铜蛤蟆的嘴里，并发出"激扬"的声响。看守地动仪的人听到响声，便可检视地动仪，记下地震发生的时间及方向。

候风地动仪制造出来后，被安置在京都洛阳。公元138年二月初三，正对着西方的一个龙机突然发动，铜球落了下来，说明西方发生了地震。可是洛阳人却没有感觉到。这时学者和官僚们便议论纷纷，一些人则讥笑张衡的地动仪不灵。没过几天，陇西（今甘肃省东南部）便有飞马来报，证实几天前那里发生了地震。陇西距洛阳千里之遥，地动仪仍能检测到，说明它的测震灵敏度是非常之高的。至此，人们才赞佩张衡的地动仪。

张衡的候风地动仪也和水运浑天仪一样，没有保存下来。后人只能从文字记载中了解地动仪的有关情况。它的制造成功乃是世界地震学史上一件具有深远意义的事情。它所采用的利用物体的惯性来拾取地震波，进行远距离测震的原理，至今仍被人们应用着。在国外，直到公元13世纪，即经历一千多年之后，古波斯才有类似的仪器出现。而欧洲人直到18世纪才出现利用水银溢流来记录地震的仪器。

在张衡生活的时代，风灾也很严重。据说有一次大风，竟拔掉大树多达3万多株。为了预报风灾，张衡又制造出世界上第一台观测风象的仪器——候风仪，又叫相风铜鸟。这是在五丈高的杆顶上安一只铜鸟，铜鸟可以随着风旋转，鸟头总是对着风来的方向。这台仪器和欧洲装在屋顶上的候风鸡相仿，但欧洲到了12世纪才有候风鸡的记载，比张衡晚了一千多年。

除了上述重要发明外，张衡还曾制造出能飞行数里的"木雕"、记里鼓车、指南车等奇巧的机械器具，由此而获得了"木圣"的称号，也可以说是一位出色的机械专家。他还曾研究过地理，画过地形图。他还是东汉时代的六大画家之一。张衡博学多艺，在多种领域堪称是一代宗师巨匠。

张衡的晚年，因受官宦势力的排挤，于公元136年被调离京城，到河间府（今河北省境内）去作河间相。针对当时当地的官吏和土豪劣绅互相勾结、胡作非为、欺压百姓的状况。张衡提出要"治威严，整法度"的主张，严惩了一批豪强奸党，受到当地人民的称颂，也因此再度受到官僚贵族的排挤。公元138年，他请求告老还乡，没获批准，又被调回京中。第二年，即公元139年便因病去世了，终年61岁。

张衡一生不慕名利，勤学不倦，在科学上敢为天下先，在技术上勇于发明、勤于制造的创新精神，值得后人学习。他在总结一生的奋斗经验时，为后人留下了宝贵的名言：一个人应该是"不患位之不尊，而患德之不崇；不耻禄之不夥，而耻智之不博。"这表现了他一生不追求个人的名誉地位，以获得高尚品德和博学才智为人生目标的高风亮节。在那个名禄欲望横流的封建社会里，这确实是难能可贵的。后人一直尊敬这位一千八百多年前的伟大科学家和发明家。新中国成立后，人民政府重修了"张衡墓"和"平子读书台"，墓碑上的题词赞颂说："如此全面发展之人物，在世界史上亦所罕见。"

"巧思绝世"的机械发明家马钧

在我国的江南的一些地方，至今还在使用着一种木制的灌溉工具——龙骨水车，它的最初发明者不是近代人，更不是现代人，而是古代的一位杰出的机械发明家——马钧。由于他改进了织绫机，发明了龙骨水车，制造了指南车、抛石机、"水转百戏"等精巧的机械装置，在历史上曾获得了"巧思绝世"的机械发明家的美称。

一个发明故事的指引

马钧，字德衡，我国三国时代的魏国扶风（今陕西武功县、兴平县一带）人，生卒年代不详，他出身于一个贫苦的家庭里，祖籍世代务农。马钧从小就口吃，因而一生都不善言谈。他虽动口不好，但却善于动脑、动手，尤其喜欢读书。每当看到一本好书，他往往爱不释手。有一次他从书上读到了一个发明的故事，便立刻被吸引住了。

书上讲的是上古时代黄帝大战蚩尤的故事。一次，黄帝领兵作战，因天降大雾，军队辨不清方向，结果被蚩尤打败了。回去之后，黄帝就想，在这种多雾的地区作战，如能辨明方向就好了。这时手下一个聪明的谋士便提出一个设想。他建议制作一种装置，能始终指向一个固定的方向，将士们看到它就可以不迷失方向了。黄帝觉得这个设想很好，便

命人进行研究和试验，终于制作了一种指南车。这是一种奇妙的车，车轮与一套装置相联，这套装置又与车上一个手臂指向南方的小木人相联，当车子转变方向时，通过这套装置的转换，总能保证木人的手始终指向南方。这样，在大雾再一次降临的时候，蚩尤部落倾巢出动，想藉此机会使黄帝全军覆没。但他们没有想到，这一次黄帝的军队，由于有了指南车的指引，加上黄帝指挥有方，使队伍进退自如，士兵们越战越勇，最终却把蚩尤打败了。

在读了这本书之后，马钧又从另一本书上读到，在周朝初年，南方的越裳氏派来的使臣迷失了回去的路线，周公便利用制作的指南车，派人护送他们回国了。这些故事简直使小马钧着了迷，当时只有十几岁的他，竟异想天开，也要造一台指南车。他找来父亲干木匠活的工具和一些木板，边琢磨边动手试验，一干就是几天。可究竟怎么才能指南，书上没说，他试验来试验去仍是一筹莫展。母亲见儿子这几天神秘地忙个不停，常常愁眉苦脸，不思茶饭，便心疼地问他在干什么。他告诉母亲黄帝造指南车的故事，并说他也在造指南车。母亲一听就笑了，说那只是传说，不一定是真事儿。可小马钧挺倔犟，非说是真事儿不可。母亲见他一脸孩子气，又是那样认真，便半开玩笑地逗他说："我儿现在年纪还小，等长大了就一定能造出指南车来。"马钧听到妈妈的鼓励才高兴地笑了。他决心等自己再长大一些时，再来造指南车。尽管这一次没造成指南车，但却培养了小马钧对机械的兴趣和勤于动手的习惯。这无疑影响了他日后的发展方向。

从小的发明起步　天下知其巧

马钧从小生活在乡间，从父老乡亲们每日沉重的劳动中体味到生活的艰辛，并总想用什么办法来减轻乡亲们的劳动。为此，他非常注意研究当时所能见到的各种机械，并设法改进它们。其中比较突出的是他对织绫机的改进。

我国是世界上最早发明养蚕缫丝的国家。早在商朝的时候，以桑养蚕与缫丝织绸的技术就有了相当的发展。当时的人们已经掌握了平纹织法和挑织法，用以织出带有各种图案的丝织品。到了春秋战国时期，已掌握了能织出十几种丝织品的方法。到了汉代，中国的丝绸开始传入国外，我国由此获得了"东方丝国"的称号。

与此密切相关的是纺织机的发明和改进。我国最早的织布机大约发明于商朝的手纹织机，到周朝又发展出提花机械，至少在战国末期已经开始使用足踏织机了。利用脚踏板作提综（织机上使经线上下交错分开以便梭子通过的装置）开口的装置，就可以腾出手来投梭，手脚并用，使功效大大提高。这种织机是纺织技术史上具有划时代意义的发明。到了西汉初年，对织机又有了进一步的改进，有人还曾发明了一种新型提花机。它用120根经线，60天就能织出一匹花绫。但这种织绫机的最大缺点是每根经线都要用一个脚踏的蹑（即踏板），这样120根经线就要有

120个躁，操作起来既费力又费时，很不方便。后来有人对它作了改进，把它简化成"五十综者五十躁"或"六十综者六十躁。"

马钧家的一位邻居大妈就有一台这样的"六十综者六十躁"的织绫机。这种织绫机虽然效率有所提高，但织一匹绫子仍需几十天的时间，且复杂笨重、不便操作的问题仍没得到解决。

马钧从小就非常喜欢去大妈家看织绫。他觉得大妈的织绫机好神秘，好可爱，在大妈的熟练操作下，一匹匹色彩鲜艳、图案生动的花绫从织机中"流出"，比妈妈巧手绣出的刺绣还漂亮。随着马钧逐渐长大，大妈一天天变老，面对六十根线，六十个踏板，渐渐有些力不从心，动作也明显不如以前熟练，以往一个多月就能织出的布，现在往往要用三个月甚至更长时间才能干完。马钧觉得这都是由于这种织绫机太复杂造成的。如果能使它的机构再简化一下，操作方便一些，就不会这么费力了。马钧那颗喜欢钻研的心又活动起来了。他决心要对这种织机加以改进。

马钧趁大妈有一段时间卧病在床之际，把她的织机全部拆开，仔细地研究了它的结构和各种零部件的功能，然后经过日夜的苦心钻研和反复实验，又重新设计了织机，将"五十综者五十躁"和"六十综者六十躁"两种旧织机，都改装成只需十二个躁的织机，这样就大大简化了织绫机的构造，使生产效率一下子提高了五倍。

当大妈身体康复，再次站到织绫机前时，看到的是一台很简便的织机。当她坐到机前操作时，更觉得方便至极，自己仿佛一下子又回到了身体强健的年轻时代，甚至比那时还要强。原来织一匹绫至少也要一个月，可现在她十来天甚至更短的时间就可织出一匹。她高兴得合不拢嘴，逢人便称赞马钧的才能。由于用新绫机织出的图案自然，变化多端，质量也有很大提高，所以在市场上成了畅销的抢手货，深受人们的欢迎。

于是，远近的许多人都慕名而来，请求马钧传授制作新型织机的技术。看到自己的发明赢得了人们的欢迎，马钧也很兴奋。对上门求教者都热心传授，并且不收分文。由此，经过马钧改进的新型织绫机便迅速地被推广开来，为家庭手工织布业的发展做出了贡献。马钧的名字开始为世人所知，"天下知其巧矣"。

制造指南车　天下服其巧

马钧即使在改进织绫机的时候，脑海里仍不时地闪现着童年时代要制造指南车的梦想。但同时也觉得单凭自己当时的力量，很难完成如此复杂的大型器械的制作任务。为此，他于公元233年来到魏国京城洛阳。此次来京城所抱的希望之一，就是能借助朝廷的力量来实现自己的梦想。后来经人介绍，他认识了京城的一位著名学者、文学家傅玄。中国历代统治者都有重视文学的倾向，所以作为文学家的傅玄能够有机会与上层权贵们接触。傅玄很欣赏马钧的才学，也听说过他改进织绫机的事。因此，两人相识不久便成了莫逆之交。傅玄答应帮他想办法，找机会向朝廷推荐。

傅玄深知，在他那个时代里，要想举荐成功，仅有才华是不行的，一定要为当时的官府作出一定的贡献，才能为权贵们所重视。马钧虽然成功地改进了织绫机，但对于那些视生产为"下人"所为的权贵们来说，根本不屑一顾。当时，由于魏、蜀、吴三国之间经常打仗，所以朝廷对个人的军事功绩比较重视。傅玄思忖，按马钧的才能，虽然不能在领兵打仗上建立功勋，但却可以在兵器的改进方面有所作为。

当时，蜀国丞相诸葛亮创制了一种武器叫连弩，可以连续发射几十支铁制弩箭，对魏国的军队威胁很大。马钧看到了魏军从蜀军那里缴获的连弩后，认为巧是很巧，但还不是最好的，如果改进一下，威力还能提高几倍。但他没有马上着手去改进连弩，而是看中了一种威力更大的攻城武器——发石车。这种发石车就像一个大天平，一头挂着一个斗，里面可以装几斤或几十斤重的大石球；另一头挂着很多根绳子。几十或几百名士兵拉着绳子，一齐用力把挂绳子的这一头拉下来，挂石头的那一头飞快地翘了起来，石头就被抛了出去，借以打击敌人。马钧发现，这种发石车不但用人多，花费时间长，抛出去的石头速度低，威力不大，敌人只需在城楼上悬挂湿牛皮，就可以轻而易举地挡住石弹，而且它只能间断性地单射，不能连射。

为了克服这些缺点，马钧研究设计了一种新的攻城武器——轮转式连续抛石机。他设想，用一个竖置的并能绕轴转动的大木轮，在轮缘周围用绳子吊上几十块"石弹"，然后用机械使轮子飞速旋转，轮边的"石弹"也会随之一起旋转，当转速达到一定程度，按一定节奏断开绳索，就会使石弹"首尾电至"，连续发射打击敌人。马钧按照这一设想，利用车轮和几十块砖瓦作了简易实验，结果与设想的一致，接连不断打出去的砖瓦，能飞出几百步远，威力很大。

傅玄见到这一试验结果非常高兴。他想，国家正处在交战之时，权臣们一定会对这一发明感兴趣，也一定会重用马钧这样的不可多得的人才。于是，他便亲自带领马钧，拿着设计图，直接去拜见安乡侯曹羲。曹羲见傅玄推荐的所谓"人才"，只不过是一个乡村匠人，便有些不以为然。但碍于傅玄的面子。才勉强地问了问这种武器的一些情况。由于马钧本来就不善言辞，加之又是第一次见到如此高官，未免有些紧张，一时间竟不知该说些什么。曹羲便以不善辞令、讲不出深奥的道理为由，不同意让他进行试制。傅玄为国荐才心切，只好亲自向曹羲讲述了这种武器的精巧及其威力，并将其称之为"国之精器"，力劝曹羲应"以考试为衡器"进行试验，以便不至于把美玉当成石头而随意抛弃了。经过傅玄的耐心说服，曹羲才同意将此事上奏主持军事并辅政的武安侯曹爽。但曹爽此时正忙于和司马氏争夺权势，对马钧的这一发明根本无心理会。傅玄和马钧都很失望。这一天才发明就此毕昇。对这件事，傅玄曾感叹说：试验一下，本来是极容易的事。可是像马钧这样天下知名的巧人尚且得不到重视，更何况那些不出名的人呢！

此事过后不久，有人给魏明帝进献了一种叫做"百戏"的木偶玩具，它设计精巧，造型优美。明帝感到美中不足的是不能动作。善于谄媚的曹爽这时才又想起了小马钧。为了取悦于明帝，这次曹爽派人找到了马钧。魏明帝问马钧："你能使这些木偶人动作起来吗?"马钧略一观察，便自信地回答说："能!"于是魏明帝便命马钧加以改制。

马钧奉诏后，便在宫廷内开始研制起来。他调动了自己的全部才智，制作了一套复杂而巧妙的齿轮、连杆、凸轮等组成的传动装置。然后又用木材制成了原动轮，用水作动力，使其旋转，通过传动装置的传递，使旋转运动变成了各个木偶各自不同的动作。这就是所说的"水转百戏。"

制作完成后，魏明帝传旨，让群臣到后花园观赏改进后的"水转百戏"。这一天，宫廷里张灯结彩，鼓乐齐鸣，群臣朝服齐整，嫔妃们妆抹艳丽，一同随着明帝来到了设置"水转百戏"的后花园里。人们只见一个圆形的水池中，设有一木制大轮，平放在池底，轮子的侧面设有喷水的竹管。当竹管向外喷水时，轮子开始转动起来，同时，轮子上面"戏台"上设置的木人也都一起动作起来，有的击鼓吹箫，有的翩翩起舞，有的跳丸（古代的一种杂技，以手掷球，上下交替）掷剑，有的爬绳倒立，还有的春米磨面，斗鸡杂耍，出入自如，变化无穷，场面热闹非凡，直看得明帝和嫔妃及群臣们目瞪口呆，拍案叫绝。

通过"水转百戏"，马钧虽然得以进入宫廷，但也没受到重视，只给他当了个"给事中"的小官。马钧对此倒也不十分计较，他心中惦记的仍然是要制造指南车。于是他决定把制作指南车的事上奏明帝。在等待明帝朝见的朝房里，马钧和部分官员谈起了指南车的问题，许多人对此都抱怀疑态度。当时在场的散骑常侍高堂隆和骁骑将军秦朗则全然否认指南车的存在。于是，马钧和他们便展开了争辩。

马钧说，黄帝、周公都曾制造过指南车；他们则说，这只是传说，不可靠。马钧又指出，史书上记载过，春秋时期也曾出现过指南车，特别是近时（指东汉）的张衡也曾造过指南车；他们说，这是古书上随便说说的。马钧坚定地认为，古代很可能造出过指南车，只是我们没有深入去研究罢了。其实，这也不是多么深奥的事，给我时间和材料，我就可以把它造出来。

一听马钧也要造指南车，高堂隆和秦朗便拿出平时空谈中炼就的绝招，利用文字游戏来讽刺马钧。他们说："先生名钧，字德衡。'钧'是器物的模型，'衡'可以定物的轻重。可你说话连个轻重都不分，难道可以作为模型吗？"意思是说马钧没有真凭实据，只是信口开河，乱说一气。马钧深知没有事实的证明，很难说服这些"空谈高手"。于是便直接了当地回答说："徒作空论是没有用的，不妨试制一下，自见分明。"

他们一同去见魏明帝，奏明此事。魏明帝虽然对管理朝政庸碌无为，但对游玩奢侈之事却兴致甚浓。他以前也听说过古代帝王出行时有一种先驱车，叫指南车。车上站着一个木人，伸臂南指，不管车子怎么转动，木人手臂总是指向南方。他虽未曾考虑过这种说法是真是假，但现在听马钧说他可以为自己造出一台来，想到自己以后也可享受用指南车开路的气派，便立即下旨命令马钧重造指南车。这样，马钧不但获得了充足的材料、上等的工具，而且由于皇帝准奏，宫廷内的能工巧匠都可以由马钧调配了。

经过马钧的苦思冥想，终于弄清了指南车的动作原理，然后开始设计机构，并画出了设计图。在工匠们的帮助下，没有多长时间，终于制成了指南车。这下，高堂隆和秦朗无话可说了。

尽管受到人们的称赞，但马钧却是一个从不爱炫耀自己的人。当时的一位著名地理学家裴秀，第一次见到马钧后，见其言语迟钝，便对人们给予马钧的赞扬不以为然。他自恃知识广博，要找马钧辩论。马钧听说后，便有意避开他。裴秀更加得意了。马钧的朋友傅玄听到此事后，便找到裴秀，对他说："你的擅长是说话，马先生擅长的则是智巧。你用自己的擅长去攻击马先生，当然会占上风。要是你和马先生较量智巧，未必能占上风！马先生非常谦虚，不愿和你纠缠，所以一直避开你，你还不知道吗？"裴秀听后也觉得有些惭愧。

自马钧制成指南车以后，朝廷上下都逐渐佩服马钧这位很有智巧的人，"天下服其巧矣"。

龙骨水车——巧夺天工的发明

马钧虽然有许多杰出的发明创造，却始终也未能受到封建统治者们的重视，反而常常受到阻挠和蔑视，才能也未能得到充分的发挥。对此，马钧的好友傅玄曾慨叹说：马先生的巧，虽古时的公输般、墨翟，近时的张平子（张衡）也比不过，但公输般、墨翟为时所用，有益于也；平子虽任侍郎，马先生虽为给事中，但都没有做工官，不能发挥更大的作用，用人不能尽其才，实在太可惜了。尽管如此，马钧并没有过多计较，而是在完成了指南车的制造之后，便又开始了一个造福于子孙后代的构思，即要发明一种新的灌溉机械—龙骨水车。

离马钧在洛阳的住处不远的地方，有一片坡地，由于地势较高，无法引水灌溉，一直荒芜着。马钧觉得，如果能解决灌溉问题，则将是一片好菜地。由此，又萌发了他要发明新的灌溉机具的想法，并开始了对以往的灌溉工具的研究。

我国在东汉以前的主要提水灌溉工具是桔槔和辘轳。桔槔早在春秋战国时期就已经应用。实际上它是一种利用杠杆原理的提水装置。它是在井旁支一个木架，在木架上安装一根结实的木杆，木架将木杆分成短端和长端，短端系着木桶，长端坠个石块。当桶向上提水的时候，由于杠杆和坠石的作用，便比较省力了。辘轳则是利用轮轴原理制成的一种提水灌溉工具，它特别适用于深水井。但无论是桔槔还是辘轳，都不能连续灌溉，且效率也很低。马钧在研究了原有灌溉器具的基础上认为，只有使提水工具连续动作才能提高灌溉效率。为此，他开始了新的设计和试验。经过反复的试验和研究，终于制造了一种新的灌溉器械—龙骨水车，完成了具有世界历史意义的一项发明。

　　龙骨水车又叫翻车、踏车或水车。其构造是这样的：用木板作一个长约6.6米、宽约1.32～2.31米、高约0.33米的木槽，在木槽的一端安装一个比较大的带齿轮轴，轴的两端安装可以踏动的踏板。在木槽的另一端安装一个比较小的齿轮轴。在两个齿轮轴之间安装上木链条（即所谓龙骨），木链条上栓上串板。这样，在灌溉农田的时候，就把木槽的安

有小齿轮轴的一端放入池塘或河中，人只要踏动大齿轮轴上的踏板，就可以使串板在槽里运动，刮水而上，实现了将水从低处提升到高处的目的，并且可以"更出更入"，循环不息，能连续不断地提水。龙骨水车比原来的提水工具效率提高近百倍。特别是由于它的结构轻便灵巧，妇女儿童都能踏转，所以很受欢迎，并迅速得到推广应用。这是当时世界上最先进的提水工具。

一千多年来，马钧发明的龙骨水车，一直作为一种重要的农业灌溉工具，在我国的农村被广泛的应用着。甚至在今天，江南的一些地方仍在使用着。

马钧的一生虽有过许多的发明创造，但一直未受到当时的统治者、官府的重视。然而，他的发明却受到了广大劳动人民的欢迎。后人敬仰他，称颂他为"天下至巧"。马钧已作为"巧思绝世"的机械发明家永远载入史册。

"布衣"出身的发明家毕昇

在古代的读书人、学者中，真正在技术上有所创造的是很少的。古代的许多杰出发明绝大多数都出自工匠之手。他们虽然没有读书的机会，文化素养也不一定高，但由于他们都亲自参加变革自然的实践，有丰富的经验和高超的技能，因而在科学技术上同样作出了杰出的贡献。我国北宋时代的著名发明家毕昇，就是出身于工匠，被称之为"布衣"发明家。他在北宋庆历年间（公元1041—公元1048）创造了活版印刷，这种印刷方法，不仅标志着世界印刷技术史上一场伟大革命的开端，而且这项发明对人类科学文化的继承和发展产生深远的影响。

天才的雕刻匠

毕昇出生在浙江杭州，生卒年月不详。父亲原本也是个读书人，但后来由于家境败落，无法在杭州立身，便放弃了读书求仕的打算，带着家眷来到当时的汴京（今河南开封）谋求生计。后经朋友介绍来到当时远近闻名的万卷堂书坊，当了一名雕版工匠。

毕昇从小就喜好读书，而且好奇心很强。他从书上看到了什么新鲜的事物，就喜欢发问，动脑筋思索，有时还总想模仿着试一试。有一次，他从一本书上看到了匡衡凿壁偷光的故事，便想到自己家隔壁是书坊的帐房先生，经常晚上在灯下整理帐簿。于是，他也学着匡衡的样子，用小刀在板壁上挖了个小洞，借隔壁的灯光，开始夜读起来。

一天，毕昇的父亲带回家一些刻废的木版和边角余料当烧柴用。毕昇立刻对木板上面的刻字发生了兴趣。他好奇地问爸爸："木板上刻字是干什么用的？"父亲告诉他："这是用来印书的。你看的那些书，都要先把字刻在木板上，然后再印到纸上去。"毕昇又问："那为什么这上面的字都与我从书上看到的字是相反的呢？"父亲笑着说："傻孩子，木板上的字是反的，才能保证印出的字是正的，明白了吗？你见过隔壁帐房先生的印章吗？这同印章是一个道理。""嗅，我明白了，可一本书要那么多页，难道都是刻版印出来的吗？"父亲见他问个没完，就跟他说，第二天一定带他到书坊里去看看，到时就自见分晓了。

从此，小毕昇便迷上了万卷堂书坊，他经常去那里看父亲和其他工匠叔叔刻版印书。渐渐地他和那里的每个人都混得很熟，并且和其中一个卖书的小伙计交上了朋友，经常从他那里借书看。他越是喜欢读书，就越迷恋印书的工作，并且在家里，利用父亲的刻刀，学着父亲的样子，

偷偷地练习刻字。

父亲原打算让他好好读书，将来也好往仕途发展，以了却自己此生的缺憾。现在见他如此迷恋于刻字制版，开始的时候还曾阻拦过。但有一次，父亲发现小毕昇还真有这方面的天赋，他练习刻出的字，刀法纯熟，字迹清晰工整，根本不像出自一个毛头少年之手，倒像是有过多年刻字经验的成手，便开始寻思，俗语说"行行出状元"，自己的儿子既然有这方面的天赋，也不防让他向这方面发展。这毕竟也是一门可以安身立命的手艺。于是，他问毕昇是否愿意到万卷书坊去学徒，毕昇一听真是喜出望外。本来他早有此想法，只是一直未敢向父亲提起，今天父亲主动提出，他兴奋得连声应诺。

第二天，父亲带着他，并拿上他刻出的木板，找到了书坊的掌柜。掌柜看了他刻出的版，连声称赞，加上他十分清楚毕昇父亲的为人，对毕昇的聪明伶俐也早有耳闻，所以，便欣然允诺，收下毕昇。并叫来书坊中技术最好的大师傅，让毕昇拜他为师，在他手下学徒。掌柜的还特意叮嘱大师傅：这是一块良玉，细心雕琢，定可成大器。从此，毕昇有了称心如意的职业，便也安下心来。他一方面苦钻雕版技术，一方面广泛阅读各种书籍，并从书本上及师傅那里，逐渐了解了雕版印刷技术发展的历史。

在雕版印刷术发明以前，我们的祖先早就创造出不少传播文化、交流思想的工具。最早的时候，人们把文字刻在龟甲或兽骨上，后来铸在鼎器上，以此来记载天象变化、祭祀和战争之类的大事件。这就是"甲骨文"和"金文"（又称"钟鼎文"）。到了春秋战国时期，人们又把文字刻在竹简或木简上，然后用绳子、丝线或皮革编连起来，称之为"丝编"或"书编"。用竹木刻字较之把文字刻在兽骨和铸在鼎上有了一定的发展，但刻一部这样的"书"仍然十分不易，刻多部则更难。而且这样的"书"使用起来也极不方便。

到了秦汉时期，由于笔的发明，人们开始改用在绢织品上书写的方法，来记录历史，传播文化。蔡伦发明造纸以后，抄写的方法便广泛流传开来。但抄书的效率仍然很低。到了东汉末年，又出现了用石碑拓印的方法。公元175年，有一个叫蔡邕的人，向汉灵帝刘宏建议把"五经"文字刻在石碑上，然后添上墨汁将纸盖上用手摹印。石碑刻成后，立在太学（当时最高学府）门外，每天有许多人赶来摹印。这种摹印方法，直到隋代还很流行。这种方法虽不简便，但对雕版印刷术的出现却起了承前启后的作用。

大约在公元600年前后的隋朝，人们从"拓印"及刻制印章中得到启发，想到：如果把书籍反刻在木板上，像盖图章那样印到纸上，不是比拓石要方便得多吗？由此，人们发明了雕版印刷术。雕版印刷是在一定的厚度的平滑的木板上，粘贴上抄写工整的书稿，薄而近乎透明的稿纸正面和木板相贴，字就成了反体，笔划清晰可辨，雕刻工人用刻刀把版面没有字迹的部分削去，就成了字体凸出的阳文。印刷的时候，在凸起的字体上涂上墨汁，然后把纸覆在它上面，轻拂纸背，字迹就印在纸上了。

雕版印刷术出现后，经过历代的不断改进和改善，在唐朝已经相当流行，印刷质量已有显著提高，有力地促进了唐代的文化繁荣。到了宋朝，雕版印刷事业已发展到全盛时期。这时不仅有政府的"官刻"和"监刻"，而且像毕昇所在的万卷堂书坊一类的民间刻书业也很盛行，遍及全国各地。这一时期还出现了铜版雕印和彩色套印，说明雕版印刷技术已经达到极其纯熟的程度。宋太祖开宝年间（公元968—976年）曾利用雕版印刷刊印《大藏经》，五千多卷，达十三万页之多。它雕刻精美，图像和文字浑朴凝重，墨色均匀鲜明，表明当时的雕版印刷技术水平之高。

毕昇所在的万卷堂书坊即是当时技术水平较高的一个印刷作坊，所印刷的书籍有很高的信誉和知名度。毕昇也为此而自豪过。但随着宋朝社会经济文化的繁荣和发展，新书不断出现，读书人也愈来愈多，这就使雕版印刷效率低的问题成了主要矛盾。诺大个万卷堂书坊，仅雕版工人就有好几十个，但还是忙不过来，造成书稿大量积压。

一次，万卷堂书坊承揽了一部经书的刊印工作。这是一部包括一千多卷、长达二万多页的大型巨著。也是万卷堂书坊开店以来接受的最大部头著作。为了能按契约完成刊印，毕昇的师傅带领着他和另外三个徒弟，没日没夜地一干就是一年，雕出了四千块左右的版面，即仅完成全部工作量的五分之一左右。毕昇的师傅由于长期伏在雕版案上工作，本来就患有眼花、腰脊劳损等许多疾病，加上年纪已逾知天命，这次的紧张劳碌竟使他一病不起。临终，他握着这位高徒的手，声音有些哽噎地说："孩子，你一定要设法加快速度，及时完成刻印。不能给万卷堂书坊这个老字号丢面子！"

挥泪埋葬了恩师之后，毕昇挑起了万卷堂书坊大师傅的重担，带领着几个师弟和徒弟，又用了三年的时间，终于按时完成二万多张木版的雕刻工作。经书也得以按契约规定的时间刊印完成。这一天，毕昇来到了恩师的坟前，告慰老人家在天之灵，说明自己没有辜负师傅的嘱托。

在回家的路上，毕昇的心情怎么也无法平静，眼前总是晃动着师傅那因劳累而瘦弱、佝偻的身躯……他开始寻思，能不能想什么办法减轻雕版的劳作之苦呢？

回到家里，他辗转反侧，怎么也无法入睡。脑海里不停地闪现着师傅的形象和那装满三个房间的两万多块木版。由于这部经书不再重印，这两万多块木版很快就要毁掉了。这可是师傅、众师弟和他本人四年的心血呀，师傅为此还搭上了性命，可两万块木版，所能发挥作用的时间竟是如此之短！而且不仅仅是这两万块，还有多少木版已接近刻制完成或已经刻完，却因其中有个别错字错句无法更改，而被废弃！

想到这，毕昇再也按捺不住，他忽地从炕上坐起来，发誓般地在心里说：我一定要想个办法，让我辈不致再如此白白地劳作！一个人如果能对那些习以为常的事物，提出问题，并要想办法改进它，这就是改造的开始。毕昇的发明也就是从这里开始的。

从此，毕昇开始留心琢磨这个问题。久而久之，他发现无论哪一种文章，也无论哪一本书，翻来覆去，总是离不开那么一些很熟的字。特别是"之"、"乎"、"也"、"者"之类，则出现得更多。能否对这一特征加以利用呢？一天，他在思索这个问题时，无意中拿起了师傅留给他的图章，看到上面刻着的师傅的名字，他忽然来了灵感，似乎在眼前划过一道闪电一般：对呀，如果把要用的字都像刻印章一样单个地刻好，而到用时再把它们一个一个地拼在一起，不就同雕版的作用一样了吗？这样常用的字也就可以反复利用，而不必再受重复雕刻之苦了！另外，错字也可用换字的办法得到改正，不必因此而废版……他越想越高兴，禁不住在屋里手舞足蹈起来。正在烧柴做饭的妻子见他高兴得近乎癫狂的样儿，便问他怎么了，是不是得了什么病。毕昇这才觉出自己有些失态了，忙把自己的想法告诉了妻子，妻子非常赞同。第二天，他又急忙来到书坊，把这个想法告诉了自己的同事们，同事们也认为这个设想很好。于是，毕昇决定要进行活字印刷的试验。

从木活字到泥活字

从设想到现实还有一段很长的路要走。毕昇从此开始了艰难而又曲折的探索过程。他白天在书坊雕版，晚上回到家里就进行自己的试验。在他家中的方桌上，整齐地堆放着一排排切得十分齐整光滑的小木块。毕昇经常是一回到家里，便开始坐在方桌前刻个不停。天黑后则点起桐油灯，继续刻。他刻呀，刻呀，常常一刻就是一个通宵。妻子见他如此辛劳，十分心疼，经常劝他早些歇息。可他总是嘴上应着说："好了，再刻一个马上就睡。"可当妻子一觉醒来时，却常常看到灯还亮着，毕昇还在桌前忙碌着。

就这样干了一年多，毕昇终于刻出了三千多个常用字。第一步完成了，第二步他又制作了一块带框的铁板，用来作为排字的底托。下一步则要解决用什么办法把活字固定在铁板上，用后又可以再取下。他试验了几种材料，最后决定采用松脂、蜡和纸灰混合制成的药剂，作为粘合剂。这一切都准备停当后，毕昇决定进行一次活字印刷试验。

这一天，书坊的许多同伴都被毕昇请来观看。他们当中的大多数人都是支持毕昇试验活字印刷术的，现在终于盼到了可以进行公开表演的一天，所以脸上都洋溢着兴奋的神情。当然，其中也有个别人，从毕昇开始提出设想就表示反对，认为这违反祖制之法，是离经叛道、异想天开，要遭报应等等。他们是抱着一种阴暗心理前来，希望看到毕昇的试验出错，出丑，以增加进一步攻击的口实。在众目睽睽之下，只见毕昇动作熟练地调好了松脂、蜡和纸灰，然后将其刷在围有方框的铁板上。再拿过一篇文稿，按部首笔划从字盘里把字一个一个地捡出来，排在铁框里。版排好后，他把铁框连同排好的字放在火上烘烤，等药剂稍微熔化，用一块平板把字面压平，这样可以保证每个字面的高低一致，印的时候不致于漏空。等药剂冷却凝固后，活字都紧紧地粘结在铁板上而成为板型。

开始印刷了，一张、两张，三张，……毕昇一口气印了五十张，每张都清晰齐整，与雕版印刷相比，并无二致。围观的同伴中发出一片赞叹声。毕昇擦了把汗，开始拆版。拆版也首先要将药剂烤化，这样，大部分活字便很容易地取下来了。但在拆版时却发现有少数字不知什么原因竟和铁板粘得意外的紧，毕昇费了好大的劲才将它们取下，字柄则遭到了损坏。不仅如此，当把用过的字再排成版再印时，意想不到的事发生了：原先用过的字全都变了形，印出的字迹笔画扭曲变粗，一片模糊。原来这是由于木料纹理疏密不匀，与墨汁中的水接触后，再经过两次烘烤，都变了形。这下可让那些等着看他出笑话的人幸灾乐祸地捞了一把："怎么样，我说不行吧！装模作样地搞什么活字印刷，也不掂量掂量自己是什么材料！说来说去，还是老祖宗的方法灵，变不得的。"

眼见一年多来的心血付诸东流，又听到这样的冷嘲热讽，毕昇心里异常难过。几位要好的同伴和师兄弟则为他鸣不平，怨骂着那些说风凉话的人。一位年纪略长的雕版工匠劝慰说："光难过、怨骂又有什么用，需要找到一种既能刻字，又不会因吸水和火烤而变形的材料才是呵！"一句话提醒了毕昇。对呀！吸水变形只是材料的问题，并不能说明活字印刷的道理也错了。只要能找到一种可替代的合适材料……可究竟用什么材料好呢？或者说用什么材料既能刻字，又不会因吸水和烘烤而变形呢？

毕昇曾考虑过使用金属，如铜。但他本人对用金属制模刻字一窍不通，他也曾问过城里的金匠，他们又都因金属刻字艰难而要价甚高，毕昇根本无力支付。有一天晚上，毕昇坐在灶前帮妻子烧火，心里仍然在琢磨字模的材料问题。妻子让他把烧水用的瓦罐递过来，他却心不在焉地顺手把手中的柴棒递了过去。妻子一看，觉得又好气又好笑，佯装嗔怒地对他说："喂，呆子，又中什么邪了！""啊！"毕昇这才如梦初醒，"你要什么来着……瓦罐。噢，对！是瓦罐。对不起，夫人，我刚才只顾想什么东西能不吸水，还可以刻字。一时竟没留意你跟我要的是什么。见谅！见谅！"妻子接过毕昇递过来的瓦罐说："你呀，整天为了这事神魂颠倒，也不知道你究竟要找什么材料，我看瓦罐不就是不吸水的东西吗？"毕昇闻言，霍地一下站了起来："你说什么？"妻子被丈夫莫名其妙的举动吓了一跳，以为自己说错了什么，有些迟疑地指着瓦罐说："我只是说瓦罐不是不吸水吗？至于能不能在上面刻字我可不知道。"

没等妻子说完，毕昇一把抢过了瓦罐，仔细地端详起来：光洁的表面上有两条凸起的图案花纹。这图案不就是预先刻在泥坯上，然后烧结成的吗？那它不同样可以用来刻字吗？想到这，一股兴奋的暖流涌入心间，几个月积郁于心的阴霾，仿佛都一扫而光。他兴奋地抓住妻子的手："找到了！找到了！用泥活字烧结来代替木活字，看来再理想不过了。"

这一晚，毕昇兴奋得几乎睡不着觉，只盼着天快些亮。第二天一早，他径直来到了城外的窑场。他同窑场的师傅谈了自己的想法，这些师傅一听都很热心。他们找来烧精瓷用的胶泥，制成了小土坯，毕昇又在每个小土坯上刻上一个反手阳文字。然后将它们放进窑里煅烧。熄火后，毕昇把泥刻的字拿出来一看，心里一下又凉了半截：虽说字模一个个烧得坚硬光亮，但不是裂开了缝，就是有小孔，根本不能使用。窑场师傅告诉他，字模太小，出现这类问题难以避免，劝他另想办法。

此后，毕昇又试验过几种其他材料，但都因这样或那样的问题而告失败。一晃五六年时间过去了，毕昇虽然始终没有停止过探索，但却收获甚微。恰在某一天，毕昇在街上看到一个卖各种泥制小动物的商贩，正在起劲地叫卖。毕昇走上前去观看，各种泥制的小动物做得十分精巧，线条细腻，表面光洁。毕昇拿起一个仔细看了看，没有找到任何的缝或孔。再看其他的那些，几乎个个如此。毕昇在心里思忖：这些泥制小动物大小与字模相差无几，如果用他们的方法定可以烧制出优质的字模来。于是，他就问这位商贩，从哪里搞到这些泥制小动物。商贩告诉他，这些小动物是由一位老窑工烧制的。他住在离城几十里的一个村子里。

毕生赶紧回家，带了些简单的行装上了路。他一路上打听，终于找到了老窑工所在的村庄。当他向老窑工说明来意后，不想老汉一口回绝，说是祖传绝活不宜外传。无论毕昇怎么说，老汉就是不答应。毕昇没法，只好空手而归。回来后，他寝食难安，一副失魂落魄的样子。妻子见状，便劝他说：别总是在那发愁。还应再想想办法。我想老人家不愿传授技术，或许是怕有人和他争生意。你只要设法使他相信你学技术是用于完全不同的目的，也许他会教给你。

毕昇觉得妻子言之有理。于是，他顶着中原大地七月份的酷暑，又一连往老汉那里跑了三趟。每次他都是边帮老汉干一些杂活，边和他拉家常。这样，他和这位老汉的关系便逐渐靠得近了一些，他便趁热打铁，向老汉讲述了雕版工匠的劳作之苦，讲了自己的师傅如何因此而积劳成疾，自己又是如何立志要搞活字印刷和其间遇到的种种挫折和不幸……

精诚所至，金石为开。老人终于被毕昇的至诚所感动，他拍着毕昇的肩膀说："看起来，你是个有志气的好后生。古时候，刘备为请诸葛亮曾三顾茅庐，我老汉自然无法和诸葛亮丞相相比，可你却已四顾我这荒村。就凭这个，我也教你，一定教你！"

回到家中，毕昇按照老人的指点，自建了一座小窑，又用了一个多月的时间配料、和泥、制坯，最后刻出了三千多个泥坯字。然后将它们送入窑中焙烧，为了严格遵循老窑工传授的掌握火候的秘诀，毕昇干脆吃住在窑场，以便随时守望。等到熄火出窑时，毕昇心情不免一阵紧张，心中暗想：胜负在此一举了！这一次的结果没有令他失望，三千多个泥活字除极少数的几个外，全部烧制成功。毕昇拿起几个，定睛观瞧：个个字迹清晰，坚硬发亮。一种难以抑制的激动之情涌上心头。从他开始设想要搞活字印刷，已经有七八个年头过去了。原以为并不复杂的设想，竟花费了如此漫长的时光，经历了如此多的曲曲折折！现在成功在即，怎能不使他百感交集呢！

万卷堂书坊的同伴们又都闻讯赶来了。毕昇颇为动情地对大家说："诸位，自毕某决计要制活字印刷术以来，以历数载，毕某不才，其间多蒙各位的扶助与相帮。我在此向各位致谢了！"说完对着大家深深地作了一个揖。众人忙还礼。其中那位年长些的雕版匠说："你作的是为我辈修善积德的大好事，历尽了千辛万苦，应当是我们感谢你才是呀！"众人皆点头称是。毕昇接过话头说："称谢实不敢当。还是先看看这次的印刷结果再说吧！但愿这次不会令诸位失望。"说完，毕昇满怀激情地拿起铁制底版，刷药剂，排版，烤烘，压平，一连串动作，像变魔术一样，干净利落。开始试印了，毕昇一口气印了一百张，张张字迹清晰优美。然后，毕昇把版型放在炉火上一烘，用手轻轻一抖，活字纷纷从铁板上脱落到字盘里。等重新排好版，又印了一百多张，字迹仍然同第一次一样清晰优美，没有发生任何变形或走样。毕昇同周围人们一颗颗悬着的心，这才都放了下来；相视之下，个个发出了畅快的笑声。笑声传出很远，很远……

印刷史上的伟大革命

活字印刷只需一副活字，任何书都可以排印。在印刷时如发现错字可立即更换，印完之后，还可以把字拆开，将活字储存起来以备再用。利用活字印刷，既节省人力、材料，又加快了印刷速度。我国北宋时期的著名科学家沈括在《梦溪笔谈》中，曾经评论说：毕昇的活字印刷"若止印三二本，未为简易；若印数十百千本，则极为神速。"尽管毕昇的活字印刷方法还比较简单原始，然而活字印刷的原理却与现代铅字排印法相同。

活字印刷术的发明，是印刷史上的一次重大技术变革。但遗憾的是，这样一项重大的技术发明，却由于社会历史的原因，在毕昇生前并未得到社会的重视。有些人还抓住它在成长过程中的某些欠缺，给以否定，说活字印刷术造成了"错本散书满天下，不如不刻为之愈。"直到毕昇死后，活字印刷仍然没有得到推广，由毕昇创造的胶泥活字也没有保存下来。

毕昇死后200余年，元朝的杨古重新利用毕昇发明的泥活字印刷法印书。时隔五十年左右，即公元1314年前后，元朝农学家王祯，通过选

材解决了毕昇遇到过的吸水变形问题，从而创造了木活字印刷术。他曾请木工工匠制造木活字 3 万多印，印刷了他本人编纂的《大德旌德县志》，全书 6 万多字，不到一个月便印成上百部。王祯还创造了转轮排字盘和"以字就人"的拣字法，把活字按韵排列在转轮上，排版的时候转动轮盘取用活字，既减轻了劳动强度，又提高了拣字效率，这是继毕昇之后，对活字印刷术的又一重要改进。在技术史上常有这样的事，一项发明虽构思巧妙，原理可行，但由于某些条件的限制，便将其束之高阁，不能获得应用。然而一旦消除这些条件的限制，就又使这项发明起死回生了。王祯就是使毕昇的木活字发明重放光明的人。

公元 14 世纪以后，活字印刷术沿着两条线索，开始向世界各地传播。1376 年左右，木活字印刷术最先传入与我们毗邻的朝鲜，朝鲜人民在毕昇活字印刷的启示下，推陈出新，铸成铜字二三百万个，并在公元 1436 年最先发明和使用了铅活字。此后，活字印刷术经朝鲜又传到了日本、越南、菲律宾等亚洲国家。15 世纪后，朝鲜创造的铜活字又传回我国，并得到较广泛应用。

活字印刷术传播的另一条线索，是从我国的新疆传到高加索，再传到小亚细亚和埃及的亚历山大城。埃及曾发现过 14 世纪用木活字印刷的伊斯兰教《可兰经》。大约在 15 世纪，活字印刷术传到了欧洲。

1445 年，也就是毕昇发明泥活字印刷术后的 400 多年，德国人谷腾堡研究成功了利用铸造的活铅字进行活版印刷的技术。并在两年后，建立了印刷所。谷腾堡的最大贡献在于他不仅创造了铜字模，使活字达到规范化的要求，而且使用了铅、锡、锑等合金铸造了软硬适度、成形美观的活字。同时，他还创造了木制印刷机，制成了调油墨，大大提高了印刷的速度和质量，为后来印刷的机械化奠定了基础。

印刷术的发明给人类文化的传播开辟了极其广阔的道路，对于推动世界文明的发展起过极大的作用。正因为这样，印刷术和火药、指南针一起，被马克思称为"预告资产阶级社会到来的三大发明"。他联系欧洲的历史发展阐述说："火药把骑士阶层炸得粉碎，指南针打开了世界市场并建立了殖民地，而印刷术却变成新教的工具，总的来说变成科学复兴的手段，变成对精神发展创造必要前提的最强大的杠杆。"

毕昇是一个普通的劳动者，一生是在手工印刷作坊中度过的。他勇于实践，敢于创造，不畏艰难困苦，终于完成了活字印刷术的发明创造，在中国和世界历史上谱写了光辉的一页。"布衣"发明家毕昇，将永远受到中国人民和世界人民的称颂。

文艺复兴时代的艺术巨匠
兼发明家达·芬奇

　　提起列奥纳多·达·芬奇的名字，许多人都知道他是一位活跃在意大利文艺复兴时代的艺术巨匠，《蒙娜丽莎》、《最后的晚餐》等誉满天下并流芳百世的画幅，都是出自这位艺术巨匠之手。但是许多人也许还不完全知道，达·芬奇还是一位杰出的工程师和多产的发明家。他所提出的为数众多的、超越时代的发明构想，为后世的发明创造提供了非常可贵的启示和线索。达·芬奇被称作是一位现代技术发明的先驱者是当之无愧的。

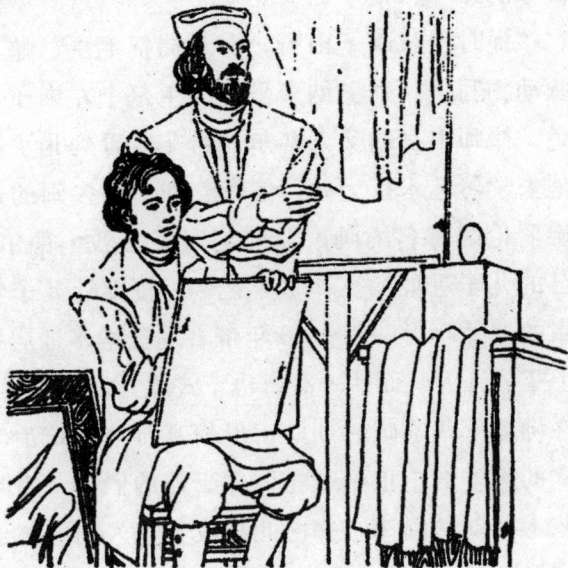

一位艺术家为什么又同时成了工程师和发明家呢？这只能从达·芬奇所生活的那个时代的历史条件，才能加以说明。

到佛罗伦萨学艺

在意大利阿尔巴诺山西麓，有一个叫芬奇的小村子。那里耸立着中世纪的城堡，四周有葡萄园，是一个柳枝繁茂的美丽村庄，距世界名城佛罗伦萨大约 20 千米。1452 年的一天，村中一位德高望重的安东尼奥·芬奇老先生家中，一个漂亮的婴儿降生了。芬奇老先生是办理交易证书和其他文书的公证人，养成了一种把重要事项随时记录下来的职业习惯。对这个孩子的诞生，他曾作过这样的记载："我的孙子，即我儿子希艾罗的儿子，生于 4 月 15 日星期六夜三时。这个孩子起名叫列奥纳多，由皮艾罗·德·巴尔多罗麦奥司祭主持洗礼。"据说，达·芬奇一名只是列奥纳多日后被人们取的绰号。

列奥纳多在孩提时代跑遍了山野，喜欢捕捉毛虫、蛇、蜥蜴等小动物，照着它们画动物写生。列奥纳多虽说天生是个左撇子，但画起画来却张张都很出色。律师出身的父亲赛尔·希艾罗看到儿子这方面很有天赋，便决定让他去学习艺术。为此，他带着列奥纳多画的这些画去拜访从前的好友、佛罗伦萨著名的画家兼雕刻家安德烈·德尔·委罗基奥，请求他接受自己的儿子进他的工作室学艺。为了能让儿子学画，希艾罗放弃了原来从事的律师职业，于 1466 年带着列奥纳多迁居佛罗伦萨，他本人在这里当上了公证人，而达·芬奇也正式成为委奥基罗的弟子。

达·芬奇在佛罗伦萨学画时期，正值梅基奇家族统治时代。梅基奇是一个善武习文的天才的中世纪领主，由于他的倡导，当时的佛罗伦萨已经成为新的艺术活动的温床，并由此形成了为人们所称道的"佛罗伦萨派"。其显著特点是参加该学派的都是所谓"什么都能干的万能人"，即其成员往往既是雕刻家、建筑家，又是画家、诗人、科学家、技术专家等等。达·芬奇的老师委奥基罗就是一个这样的"万能人"，他既是有名的画家、雕刻家、金银工艺师，同时也擅长音乐、数学。

在现代人看来，科学家、工程师和画家之间，是没有多少联系的，也许现代的画家若同时成为科学家是很困难的。在古代可并不是这样。特别是在文艺复兴时期，绘画艺术在社会上的重要性提高了，画家的社会地位也提高了，艺术开始有了自身的价值。许多画家为了能更好地用一个平面图表现出事物的立体形象，就必须使他的画符合科学的道理。为此，画家就要有几何学的知识，还要懂得光学；为了真实地表现人的形象，还要有解剖学的知识。不仅如此，画家、工程师和发明家的创造过程也有相似的地方，比如他们在创作之前，都要首先在脑子里构想出一种形象，然后通过自己手的操作，在纸面上表达出来。所以，在文艺复兴时代，各大城市都设立了艺术室，那时的艺术室不仅仅是绘画的地方，同时又是一所大学校和实验室。达·芬奇老师委罗基奥的艺术室，也是如此。委罗基奥对颜料的制法、油画工具的改进、铸造方法等各种技术也都进行广泛研究，并对绘画中的远近法、明暗法作了反复尝试。达·芬奇就是在这样的环境下成长的。这样一种环境和气氛，为达·芬奇日后成长为艺术家兼科学家、技术发明家，起了重要的作用。

委罗基奥是一个有丰富经验的老师。达·芬奇来到他的工作室以后，没有马上教达·芬奇绘画，而是严格要求达·芬奇练基本功。他教达·分奇的第一课就是画蛋。达·芬奇很听老师的话，把老师给他的鸡蛋小心地放在桌子上，天天照着去画。老师要求他基本训练要练到手和笔能娴熟地听脑的指挥。由于老师的严格要求和自己的刻苦钻研，达·芬奇进步很快。几年后他在绘画方面就超越过了他的老师。1476年他和老师合作《基督受洗》的祭坛画，老师指定他画右边披着衣服的天使。画完后，老师惊奇地发现，达·芬奇所画的天使姿态自然活泼，脸部生动柔和，相比之下，自己所画的基督的形象则显得呆板生硬，缺乏生气。委罗基奥赞赏地拍拍达·芬奇的肩膀，告诉他："孩子，在绘画方面我已经把能教给你的都教给你了，你现在的技艺，可以说，已经在为师之上了。"据说，从此委罗基奥决心不再作画，把主要精力放在雕刻方面。

1472 年，也就是达·芬奇 20 岁时，他加入了佛罗伦萨的圣路伽画家协会，从此结束了学徒生活，但仍继续在委罗基奥的工作室担任助手工作。在这一时期，他曾画过一幅家乡阿尔诺溪谷写生画，画稿的左角上注有"于 1473 年 8 月 5 日，雪的圣母玛利亚之日"的字样。这幅画就是他的作品中最早写有作画日期的珍品。除了从事绘画和雕刻外，达·芬奇由于长期接受"佛罗伦萨派"的熏陶，也迷恋于其他各方面的研究。其中科学和技术是他重点关注和感兴趣的领域。他经常和佛罗伦萨的大数学家、天文学家兼医学家的托斯卡纳来往，向他请教。从那里，达·芬奇学到很多科学技术方面的广泛知识，对他以后致力于科学研究和技术发明起到了启蒙作用。

1477 年，达·芬奇离开了委罗基奥的工作室，开始了独立创作活动。他主张艺术创作和科学研究应当反映人民的生活和为实现人类进步的理想服务。为此，他对技术研究倾注了更大的热情。在艺术创作过程中，为了搜集素材，他广泛地接触了中下层劳动人民，目睹了他们日复一日繁重的劳作之苦，对他们有了更深的理解和同情，为此，他开始反复地思考可以减轻人们繁重体力劳动的机械或工具等。当人们翻开列奥纳多青年时代的绘画作品时，会发现一个有趣的现象：在有的画面空白的地方画着设计精巧的机械草图；在有些天使头部的素描下甚至画有结构十分完整的装置设计图，在花的绘画旁边列有计算式，在人的大腿骨素描旁边画有桥的结构图……新的闪念和智慧的火花不断地在这位青年人的头脑里闪现，才留下了这众多的"神来之笔"。

在这段时间里，他制作了湿度计，这种湿度计大体上和因研究大气压而闻名的托里拆利发明的相同。同时，他还就物理学上的各种问题进行了研究。此外，他还制作了印刷用压缩机。当时的意大利半岛正处于因封建割据而四分五裂的状态，战乱频仍。出于对局势的关心，达·芬奇开始对作战用器械及武器的制造等问题，进行了初步研究。如关于攻城用的梯子，他写道："木制的梯子必须嵌在墙壁中，使敌人无法用斧子劈剖它。"并绘有草图。他还绘制了有关要塞大门的结构、大炮的设计、化铁炉、铸造方法、水泵等草图，并附有详细说明。这些内容，在后来的米兰时代又进行了更深入的研究，使之日臻完善而严密。

迁居米兰，致力于军事技术发明和艺术研究

米兰是当时意大利最繁华的工商业城市，也是文艺复兴时代最著名的文化中心之一。1482年，米兰大公罗德维克·斯弗尔茨（俗称伊尔·莫洛）听说达·芬奇的竖琴演奏美妙动听，便征召他去米兰。达·芬奇在佛罗伦萨虽然进行了多方面的研究，取得了一批重要战果，但始终没有引起地方当局的重视，因而他的研究成果虽不少，但真正派上用场、发挥作用的却廖廖无几。所以当接到米兰大公的征召令后，达·芬奇觉得自己应抓住这个机会，为自己的技术才能找到用武之地。为此，他给伊尔·莫洛写了一封别开生面的自荐信，字里行间表达了一个军事工程师当时的心情和愿望：大公殿下：

我愿把我所掌握的秘诀，按殿下的意旨为殿下实际表演，并请殿下亲自过目。

下面我想把我所能做的事情简单陈述一下，如果您还有其他要求，我还可以做除此之外的各种事情。

1. 我掌握建造十分轻便而又坚固的桥梁的方法。这种桥梁便于搬运，无论是追击敌人或是在退却的情况下都能使用。我还知道修建另一些桥梁的方法。这类桥梁在敌人的炮火之下可保安全，而且不易被破坏，拆卸和架设都很容易、很方便。此外，我还掌握用火攻破坏敌方桥梁的

方法。

2. 我熟知在围攻某一地区时抽除壕水，制造各种形式的桥梁、步道、梯子以及计划内所需的各种器具、机械的方法。

3. 我还懂得在攻坚战中当攻击失去作用时，对于构筑岩石基础以外的无论多么坚固的城楼和城墙的破坏方法。

4. 我会制造搬运方便、操作简单、能发射霰弹的臼炮。这种炮发射时产生的烟雾可以惊吓敌人，引起混乱，从而使敌人遭受巨大损伤。

5. 当军队必须从城防壕或护城河下面通过时，我能开凿通往目标的弯曲的秘密通道，而且在挖掘中不会发出任何声响。

6. 我还会制造极其坚固、不易被破坏的有盖战车，若在它的上面安装大炮冲入敌阵，那么任何大军都将被击溃。

7. 我可以制造在必要情况下使用的、非同寻常的臼炮、大炮和野炮。

8. 在臼炮不能发挥作用的情况下，我能装设与火炮、投石机、射石机及其他普通武器截然不同的、具有惊人效果的特种机械。总而言之，可以根据不同情况制造各种形式的进攻武器。

9. 当战事在海上进行时，我可以提供进攻或防御用的十分有效的机械。这些机械能抵抗强烈的炮击，使船舶对火药和烟幕丝毫不感到威胁。

10. 在和平条件下，对于建造公用或私用建筑物，以及从一个地方向另一个地方引水之类的工作，我具有优于任何人的充分的自信心。

我还会用大理石、青铜、粘土制作雕像，在绘画方面也具备超越他人的技艺。

以上事项，您如果认为有不可实现的内容，我请求允许我用实验来回答。我以极其谦恭的心情把自己推荐给殿下。

这样，达·芬奇便以军事工程师和设计师的资格，而不是单纯艺术家的身份迁居米兰。在此后他对武器和要塞设防工具以及大炮的制造技术等都进行过研究和设计，并留有草图，充分证明了他的确堪称是一个杰出的军事技术家。

战争中作用的大炮，常发生火药堵塞而引起炮筒炸裂的现象，这是由于炮筒加工技术不完善造成的。当时，制造大炮的历史只有一百年左右。炮筒是用薄铁板卷成圆筒锻接起来的，靠这种办法不能制造更大的炮筒。到了达·芬奇时代，有人发明了用铸造法制造炮筒。但是，当时还没有出现加工弹膛的镗床，所以要想制造能充分承受火药巨大爆发力的炮筒是困难的。为此，达·芬奇发明了一种不易遭受破坏的炮身。其方法是把角状金属棒捆扎成圆筒形，外面镶上加热的铁箍，待铁箍冷却收缩后，便与角棒牢固地结合在一起了。这样制成的大炮筒，既坚固又容易使炮弹通过。为了制造这种角棒，达·芬奇又发明了世界上最早的金属型材压延机，并用改良型水车驱动。其结构是：通过水车旋转带动两个齿轮转动，一边的齿轮轴穿出连结金属棒的丝杠。齿轮的旋转使丝杠产生移动而牵拉待锻棒，另一边的齿轮轴与齿轮一同旋转，从而使与丝杠连结的金属棒顺次受到压延而制成角棒。以后，他又设计了平板压延机，轧制出薄而均匀的锡板，可用来做风琴的风管和建筑物的屋顶。

关于这段时间的技术活动，达·芬奇在写给朋友的信中写道："当时我掌握了建造轻便而坚固的桥的建造法，这种桥适于追击和退却，可以很快就拆除，同时，也十分耐敌人的炮击。另外，我也掌握了筑城的方法，从城墙根破坏城的方法，以及在河流和运河下面相连通的隧道的挖掘方法。我还可以制作既耐敌人攻击又可以从内部用炮打击敌人的装甲车。简言之，不论水上，还是地上，我都发明了大量的适应各种情况的攻守兼备的武器。"

就这样，达·芬奇作为军事技术专家，在极尽可能地发挥着自己的技术才能。但另一方面，作为一个人道主义者，他又是讨厌战争的，希望战乱能尽快结束，以减少不必要的杀戮。他在自传体《手记》中曾写道："战争是最野蛮的愚蠢举动"，"我不公开我所设想的在水中停留的方法以及长时间不吃食物也能活下去的办法，因为我担心有人会用这些办法在海底杀人。"所以，在此期间，只要一有时间，达·芬奇便把更多的精力集中于更为有意义的增长知识，从事科学技术研究，承包公家或私人的建筑设计等等。在米兰的 17 年中，他结识了那里的许多学者，并从他们那里学到了丰富的科学和技术方面的知识，增添了不少智慧，使自己的艺术和科学研究都进入了更完善的境界。

1500 年，达·芬奇回到了阔别多年的故乡佛罗伦萨。在这之后的一段时间内，由于知识的丰富，视野更加广阔，研究的领域也更加广泛了。除进行构筑要塞、绘制军事地图的研究外，还进行了制订城市规划、开凿运河等方面的研究工作。为改变家乡的一条河道，他开始了运河工程的设计，研究了与工程有关的水力学基础理论，提出了抽水机、闸门、疏浚机、水压机等一系列的机械设计方案。同时，他也研究天文学、几何学、地质学、化石学，这就使他成为文艺复兴时代起着重大作用的杰出人物之一，成为艺术活动和科学工作紧密结合的榜样。恩格斯说，达·芬奇"不仅是大画家，而且也是大数学家、力学家和工程师，他在物理学的各种不同部门中都有重要的发现。"

留传后世的艺术佳作

一个人的一生中，如果能在一个领域的某一方面作出了突出的贡献，就是一位伟大的人物了。然而，达·芬奇却在多种领域的多个方面都做出了杰出的贡献。标志着他在艺术上登峰造极的成就的作品，不仅有《最后的晚餐》，还有那幅《蒙娜丽莎》。

在米兰的近郊，有一座名叫圣玛利亚·德尔烈·克拉茨埃的修道院。米兰大公伊尔·莫洛经常在这里会见外国使者 1492 年，大公下令改进这座修道院的餐厅，并责成达·芬奇在餐厅正面的墙壁上，绘制一幅壁画。这就是取名为《最后的晚餐》的壁画的由来。达·芬奇根据基督教题材，描绘了耶稣在遇难前夕，同 12 个门徒共进晚餐，当耶稣指出 12 个人中有人要出卖他的时候，不同人的不同心态。画面上有的表现出愤慨，有的悲叹，有的表示心中清白，唯独叛徒犹大脸色灰暗，流露出惊愕的神态，他的右臂支在桌子上，手中握着钱袋，使人一看就能辨别他的叛徒的面孔。达·芬奇一反当时流行的宗教画的神秘色彩，把神画成了活生生的人的形象。他更一反宗教惯例，把叛徒犹大也放在画面上，用他的惊慌阴暗形象，来和耶稣的光明正大、门徒们的忠诚义愤形成鲜明的对照，显示了对正义力量的颂扬和对叛徒的谴责。达·芬奇从 1495 年开始这幅壁画的创作，为了创造叛徒犹大的形象，他每天早晚都要到无赖汉群集的场所去观察，持续了约一年的时间，用了三年时间最后完成了这幅长 9 米，高 4 米的大型壁画。

当人们在欣赏这幅壁画的时候，如果认为达·芬奇这是对神和宗教的赞颂，那就错了。达·芬奇实际上是在歌颂人的正义，谴责邪恶的势力。达·芬奇一直反对天主教会的精神统治，他说天主教会是一个"贩买欺骗的店铺"，"假仁假义者就是圣父"。他曾愤怒地指出，僧侣以天堂来做买卖，托勒密的地球中心说已经被宗教神学奉为圣典。但达·芬奇通过自己的精深研究，并以非凡的勇气，已开始向地球中心说挑战了。他在《手记》中写道：地球不是太阳系的中心，也不是宇宙的中心，地球也像月亮一样，只是一颗行星。

达·芬奇的另一幅传世佳作，就是《蒙娜丽莎》。画的是佛罗伦萨的一位富有的女市民。她两眼别具风采，口角含着微笑，体态端庄，显示出青春的活力。画家试图用这样一个美丽少妇的形象，来表达对中世纪禁欲主义的反叛，对人性的赞美，表达人民渴望新生的强烈情感和欲望。这幅画不仅成了达·芬奇的代表作，而且成为西洋绘画史上的最高杰作之一。在《蒙娜丽莎》问世后的几百年时间里，一直受到人们普遍的欢迎和敬仰，成为世界艺术宝库中的珍品。

这幅画问世之后，法兰西斯一世曾四次派人向达·芬奇购买，都遭到达·芬奇的婉言谢绝。1581 年，又第五次派出心腹，软硬兼施，出价

3万枚金币，向已病魔缠身的绘画大师收购。但达·芬奇移身下床，久久地向买画人阐述不卖的缘由，并跪求宽恕，这才免遭杀身之祸。随后，达·芬奇便隐姓埋名，拖着病体漂泊流离。后来几经周折，法国国王路易十三终于成了《蒙娜丽莎》的主人。它现仍悬挂在卢浮宫的一间正方形的大厅中，直至今天仍以其独有的魅力，吸引着来自世界各地的参观者。1989年有295万人次观看，1990年为400万人次，1991年达634万人次。

影响未来的众多发明

达·芬奇的一生，不但为世界艺术宝库增添了不朽的传世佳作，而且完成了许多重要的发明，提出了大量的影响未来的发明构思和设计。可以毫不夸张地说，凡是与人类生活有关的事情，无不引起他的兴趣并进行研究。当后人把达·芬奇当年的许多构想、设计实现的时候，就更显示出达·芬奇当时创造的价值，在许多领域里，达·芬奇都堪称是先行者。

达·芬奇在童年时代，就一直羡慕小鸟能在天空中飞翔，他总在想，能不能设法使人也能像鸟儿那样飞翔呢？即使在逐渐长大成人后，这个美丽的梦幻仍始终萦绕于怀。为了把这个梦想变成现实，他从米兰时代起，就集中了很大精力研究能在空中飞行的机器，为此，他首先观察研究空中的飞鸟，以此作为通向人类飞行大门的第一步。这一时期，他研究飞鸟简直着了迷。只见他有时伫立在丘陵上，有时奔走在广阔的原野中，有时则久久地站在家中的窗前，凝视着空中飞鸟的影子，然后画出了大量有关鸟类飞翔的草图。在此基础上，他搞清了鸟的翅膀的动作机理，诸如转弯时翅膀作何变化，向地面降落时翅膀和爪如何协调动作等等。下一步，他便开始设想载人的飞行机器了。

达·芬奇把自己长期研究的成果写成了《论鸟》一文。他首先详细描述了鸟是如何扇动翅膀飞上天空的，又是如何不扇动翅膀而乘风滑翔的，同时还对鸟、蝙蝠及昆虫等的飞翔原理作了一般性论述，最后提出了空中飞翔运动的机构问题。他写道："鸟是按照数学法则运动的机器，人类可以制造出像鸟类运动那样具备一切条件的机器来……由人所组装起来的这种机器，除了没有像鸟那样的生命外，一切都是完备的。这个生命必须由人来替补……而且在这种飞机身上，人可以自我获得机械生命。"

那么为了使人能像鸟那样在空中自由飞翔，需要制造什么样的飞行装置呢？达·芬奇还进行了具体设计，画了大量飞行装置草图。他在草图中画的是可乘一个人或两个人的飞行装置，按照他的设想，最后由两个人一起飞行。这样，当其中一个人想休息时，可由另一个人操纵。另外，想要停止杠杆的作用时，只要把脚抬起来就行了。在这些草图旁边，达·芬奇还附有详细的说明，记述了他对人类如何在空中飞行的若干设想：

"人类靠某种物体对空气施以力的作用，空气对该物体也会作用以同样大小的力。由此可知，振动着的翼对空气的作用使沉重的鸷得以在空中支撑住自己的身体并飞升到高处。这样，我们就可以组装硕大的翼，靠它对空气施以力的作用，来克服空气的阻力，从而征服空气，使人飞起来。"

达·芬奇还反复研究了翼的运动规律，以及在操纵时手脚的协调动作等问题，提出应用曲柄机构较为理想。针对飞机的稳定平衡问题，他得出的结论是："人在飞行时，如同在小船中一样，腰部以上必须能够自由活动，这样，人与机器的重心就会随着其阻力中心的变化而变化，以便取得平衡。"更为难能可贵的是，达·芬奇还设计出了推动飞机运动的机构——螺旋桨。他就此写道："我把这个装置用涂过浣粉的亚麻布做成螺旋形，如果使它快速旋转，估计会飞得很高的。"从达·芬奇留下的草图上虽然看不出该怎样使螺旋桨旋转，但从构思来看，称得上是今日螺旋桨的先驱，除此之外，他还绘制了降落伞的草图，指出其作用是保证从任何高度毫无危险地降下来。

虽然，达·芬奇的这些构思设想在当时还为时过早，实现飞上天空的理想是在他去世后四百多年的事情，但达·芬奇在飞机构思设计方面所表现出的出色才能，使他堪称这一领域的先行者。

达·芬奇曾广泛研究过各种加工机械。当时，脚踏式车床还几乎不为人们所知，而在他的草图里已画有使用脚踏式曲轴，把直线运动变为圆周运动的旋转机械，并为这种机械安装了一个很大的飞轮，来帮助提高旋转的效率。这张图上注有："施工用小型车床"字样。锯床是一种非常有用的机床，利用它可以加工各种木材。达·芬奇研究设计了一种手动的锯床，利用曲轴带动锯齿作往复运动，并且装有大飞轮，增加锯齿移动的动量。

达·芬奇为解决加工螺丝的方法花费了大量心血，发明了今天仍在广泛使用的丝锥和板牙。他还研究了黄铜和青铜螺丝的铸造方法，设计了精巧的螺纹加工机。从结构上看，达·芬奇的螺纹加工机已具备了近代车床所具有的丝杠和移动刀架的配合，以及利用不同齿轮配合改变加工螺距等功能。此外，为了加工光学玻璃以及其他方面的需要，达·芬奇还设计了磨床。其设想与今天所使用的圆形平板砂轮回转磨床和内圆磨床可以说是一致的。

达·芬奇出于改革传统纺织技术方法笨拙复杂等毛病的目的，对其进行了深入的研究，留下了不少有关纺纱机和织布机的设计草图。如他设计了把三股纱或多股纱合为一股的机器，其中特别值得一提的是捻纱绕线机，其运动机构是由许多齿轮和滑轮极为巧妙地结合而成的，其原理与现代纺织机械的原理相近。这种机械传动装置在产业革命时代得到普遍应用，成为推进产业革命的重要动力之

此外，达·芬奇还设计了织布机、起毛机、剃毛机。在这些设计图

中，有一幅是用一台水车同时带动四台剃毛机的设计方案，利用齿轮把水车的轴运动传到工作台上，驱动长剪刀动作。

研制把水从低处汲到高处去的水泵，是人们由来已久的愿望。古希腊的阿基米德曾设想过的螺旋泵，就是实现这一愿望的一种努力。但是，真正实现这一愿望的还应首推达·芬奇。他设想用大型水车把运河的水汲上来，引到农田中去。他还设计了深井汲水用的链式水泵，这是一种在链子上按一定间隔安有铁桶的装置，由于链子的回转，这些水桶就把井底的水提取上来，当上升到顶端再下降时，汲上来的水就被引流出来。为了实现链子的回转，达·芬奇发明了滚子链，这便是我们今天自行车上的一个关键部分——自行车链及链轮。

达·芬奇还画了许多应用水车原理推进船舶的设计图。在船的两侧安装着水车形状的叶轮，轴连在船中央处，用脚踏动曲轴使轴转动，轴带动叶轮旋转而推动船只前进。这种设想同轮船的发明者富尔顿日后所用的"明轮"极为相似。

最先设计出的依靠自身动力开动的车子，当推达·芬奇的发条推进车。他设想使一个带齿的圆盘进行水平旋转，这一旋转又通过齿轮的车轴和车轮连结起来。但是怎样才能得到使圆盘转动起来的动力呢？对此，达·芬奇曾耗费了长时间的思索，终于注意到发条机构可以使圆盘转动的原理。这样，达·芬奇完成了向车轮传递旋转运动所必须的传动装置的发明设计，为后代汽车的发明迈出了具有重要意义的一步。

动荡的晚年

从 1500 年到 1506 年的第二佛罗伦萨时期，是达·芬奇在艺术、科学、技术等各个领域都取得辉煌成就的时期。在此期间的后期，他个人的生活中开始遇到一些麻烦。主要有两件事最使他烦心，一是关于某些协议的履行问题同佛罗伦萨地方当局发生了争执，另一个便是与同父异母兄弟间由于财产继承权问题，而引起法律上的纠纷。1506年5月，占领米兰的法国总督查理·丹波亚斯邀请他再赴米兰。为了摆脱不快和烦恼，达·芬奇于同年6月，离开佛罗伦萨前往米兰。

达·芬奇的第二米兰时代一直持续到1513年。这一时期他没有从事艺术创作，而是全身心地投入了水流学和解剖学等科学研究之中。早在委罗基奥美术工作室时期，他就对解剖学发生了兴趣。1503年，他在佛罗伦萨创作《蒙娜丽莎》时，曾经详细研究过解剖学，在医院里解剖过尸体，对血管、动脉硬化、肝脏、神经作了详细记录。第二米兰时代，他对解剖学所作的研究更为系统，并留下了许多人体解剖图。

1513年前后，米兰因频繁的政变而变得动荡不安。达·芬奇遂于同年9月24日，经佛罗伦萨去罗马，因罗马当时有法国皇帝路易十世的胞弟修利亚诺·德·梅基奇充当艺术家的保护人。当时的罗马是文艺复兴时代的艺术中心，米开朗琪罗、拉斐尔等著名艺术家都云集这里。但达·芬奇在罗马逗留的三年时间里，未做任何与艺术有关的工作。1516年

6月，梅基奇病死后，达·芬奇便于同年秋天翻越阿尔卑斯山来到了法国。

1519年4月23日，达·芬奇立下了遗嘱。遗嘱中写道："安波瓦斯郊外里尔城的王室画家列奥纳多·达·芬奇就要死了，考虑到死的日期尚不确定，故立此遗嘱以表明最后的意志。"他在遗嘱中说到了有关自己葬礼的程序，捐献给贫民一定数量的金钱。同时，还分给因财产问题而长期争论的异母兄弟一部分钱财。

1519 年 5 月 2 日，一代巨匠列奥纳多·达·芬奇，在"五月啊，圣母的天主教会将会为你安排，放心地进入天堂吧！"的弥撒声中，在异国他乡的法国，安详地闭上了眼睛。终年六十八岁。人们按照他的希望，将他埋葬于圣菲兰泰诺教堂。

达·芬奇生前没有来得及按照他的原定计划，把他在各方面的研究成果整理成书，他死后遗留于后世的速写、手稿和各种设计图约七千多件，这些手稿、笔记、设计图被秘藏了二百年之久，近两百年来才被陆续发现，现在留传在世的约有五千余件。达·芬奇的这些《笔记》、设计图一经公布，立即启发和促进了科学的发现和发明，在世界上产生了深远的影响。

为工业文明奠基的发明家瓦特

　　传说，瓦特是由于发现水在沸腾时顶起了壶盖，受到了启发，想到要利用蒸汽作动力而发明蒸汽机。其实这是一个不很确实的说法。在瓦特之前，就有很多人研究过利用蒸汽作动力的机械，并且已经有了抽水用的蒸汽机。瓦特最卓越的贡献是他发明了蒸汽机的外冷凝器，大大提高了蒸汽机的效率，同时还发明了把蒸汽机的往复运动变为回转运动的机构，使蒸汽机成为普遍应用的动力机。正是这种动力机，为人类开辟了一个崭新的时代，即蒸汽动力时代。瓦特因此而被称之为工业文明的开拓者和奠基人。

一个技艺娴熟的仪器修理工

　　1736 年，瓦特出生于英国当时的造船业中心格拉斯哥市附近的格林诺克镇。父亲是一个有经验的造船木工，祖父和叔父也都是机械工人。瓦特从小体弱多病，而且由于家境贫苦，少年时代的瓦特，不能按期上学，没有受到系统的学校教育。由于身体不太好，行动十分稳重的小瓦特，曾一度被认为是一个"愚钝而不聪明的人"。瓦特的母亲是一位智力过人的聪明女人，他成为瓦特的启蒙老师。瓦特跟这样一位天才的母亲学会了文学和有关知识。13 岁时，瓦特开始学习数学，15 岁时，又学习

了《物理学原理》，这时的瓦特已开始显露出自己的天才。

瓦特的少年时代，基本上是在父亲所在的工场里度过的，并和手工劳动结下了不解之缘，这无疑决定了他以后的发展方向。瓦特跟随父亲劳动的车间，主要是制造船舶所需的装备，制作船舶等所需的各种小型木工器具，或进行船头装饰的雕刻，制作跑架、滑车、泵、辘轳等。对瓦特来说，这里成为一个最好的学校。在劳动中，他不仅用手，而且注意开动脑筋，留心各种各样的事情，如扛料时为什么左肩上用条木棒托住后部便省力些？为什么拉锯时用力要均匀、姿势要摆正等等。在这所特殊的学校里，少年瓦特不但学会了操纵机械或使用器具，学到了作为一名精密机械工所应掌握的各种技能，而且获得了丰富的关于机械的感性知识，培植了爱好机械的兴趣。

1753 年，瓦特的母亲去世，父亲又经商失败，迫使瓦特决意要自己外出谋生。1754 年 6 月，18 岁的瓦特，在父亲的指导下，带着少量的工具和一个皮制围裙前往格拉斯哥，投奔到母亲的一位亲戚那里当学徒，学习修理教学仪器。由于业务上的联系，使他结识了格拉斯哥大学的罗伯特·迪科教授。迪科很欣赏这位技艺娴熟，又勤学好问，肯于钻研的年轻人，并极力劝说他前往伦敦。作为当时欧洲经济文化的中心，伦敦聚集了一大批优秀的器械制造工匠。迪科希望瓦特到这个大都市进一步学习深造，施展才华。

1755 年 6 月 7 日，瓦特骑马来到伦敦。但为了找师傅，却颇费了一番周折，最后好不容易才投奔到约翰·莫根门下，学习仪表修造技艺。由于勤奋好学，他很快学会了制造难度较高的象限仪、方位罗盘、经纬仪等精密器械。瓦特在给父亲的信中说："我虽然没有熟练工人做得那样快，但是，我可以做得和他们一样好。"由于家庭收入低微，他不得不时常挤出时间，到外面找点苦而重的活来干，以便挣些钱交纳学徒费。这样，除星期六外，他每天几乎都要工作到深夜九点多钟。瓦特的身体本来就不好，加上如此繁重的劳动和艰苦的生活，因而健康状况更是每况愈下。他曾在信中写道："经常像撕破咽喉一样的咳嗽，背像针刺一样疼痛，全身感到懒倦。"一年后，他带着衰弱的身体重返故乡。一年的学徒生活使他倍尝辛酸，但是也使他练就了精湛的手艺，培养了坚韧不拔的性格。

故乡海滨的清新空气，与家人团聚的愉快心情，使瓦特很快恢复了健康。1756 年，20 岁的瓦特再一次来到格拉斯哥，想以修理仪器的身份开业，但当地的行会因他学徒期未满（当时规定学徒必须七年才能"满师"），不准许他开业。正当他感到绝望之时，迪科再一次帮助了他。在迪科教授的推荐下，瓦特于 1757 年来到格拉斯哥大学附设的教学仪器厂当仪器修理工。这成为他生活的转折点。并由于一个偶然的机会，使他走上了改进蒸汽机的征途。

冷凝器的发明

1763 年的一天，格拉斯哥大学的一位教授约翰·安德逊找到瓦特，委托他修理一台纽可门蒸汽机的模型。好奇心很强的瓦特早就对用蒸汽作动力的机械发生了兴趣。他曾听到他的一些朋友，如格拉斯哥大学副教授布莱克等人谈起过纽可门蒸汽机的事。他也曾搜集过有关蒸汽动力的资料，还曾作过高压蒸汽的实验，但就是一直没有机会接触过蒸汽机。安得逊教授的委托无疑为他了解蒸汽机提供了一个难得的机会。但此时的瓦特也许未曾料到，这次机会不但改变了他自己一生的命运，而且由于他对蒸汽机的改进，改变了整个社会生产的面貌，促进了工业革命的迅速到来。

瓦特在接受了修理纽可门蒸汽机的任务之后，没有满足于仅仅把有毛病的地方修好，而是把机器全部拆开，一个零件一个零件地研究，以便弄清它的构造原理，然后针对问题，再进行修理。瓦特凭借多年当修理工的经验，很快便把机器修好了。但当试车时，瓦特发现这种机器动作缓慢，且不是连续的。进一步试验便发现了一个更大的问题，这种蒸汽机消耗能量太大，效率很低，燃烧 13 吨煤，只能产生 75 马力的动力。面对修好的纽可门蒸汽机，瓦特陷入了沉思。能不能对它加以改进，使其动作再快一些，效率再提高一些呢？正是在修理和试验的过程中，瓦特树立了要从根本上改进蒸汽机的志向，并持之以恒地开始了对蒸汽机的研究。

大概连小学生都知道，蒸汽机是由瓦特发明的。这话既对又不完全对。说它对，是因为瓦特确实发明了一种和以前完全不同的蒸汽机，使蒸汽动力获得了普遍的应用；说它不完全对，那是因为在瓦特之前就有人发明了蒸汽机。将蒸汽作为动力的想法，古人就有。二千多年前古希腊人希罗就曾发明了以蒸汽为动力的精巧装置。达·芬奇也曾设计过用蒸汽开动大炮的图样。在今天的中学课本上就已开始讲授真空、大气压等物理知识。这些也都与蒸汽机的发明有关。自1643年托里拆利发现了真空，证实了大气压力的存在，后来，德国的格里凯又用人工办法法制造了真空。1662年，波义耳则发现了气体体积和压力成反比的定律。正是在这些科学认识的基础上，适应社会发展对动力的需要，在18世纪才发明了蒸汽机。

到18世纪的时候，人们为什么想要发明蒸汽机呢？这是因为从17世纪以来煤炭已经成为冶炼钢铁的主要燃料，对煤炭的需要日益增加，矿山数量增加，矿井也越挖越深。为了能正常地进行采煤，就必须不断地抽出矿井里的水。当时只能靠马拉辘轳推动水泵抽水。为此，不少矿山都要饲养几百匹马，这种办法既麻烦又费钱。人们急需寻找一种更有效的排水动力机械，也产生了"以火提水"的设想，就是要创造一种以火力或热能推动的排水泵。

第一台实用的蒸汽泵是由英国的一个叫萨弗里的上尉于1698年首先发明的。他继承了前人的发明成果，利用蒸汽冷凝使一个容器产生真空，在大气压力作用下，将井下水吸入容器中，再通入蒸汽，利用蒸汽压力把容器里的水排出。这样循环操作就可以把井水抽到井外。由于它效率低，加之没有活塞，容易发生爆炸事故，所以没有引起人们的重视。1705年，苏格兰铁匠纽可门发明了一种比较实用的带活塞的蒸汽机。它先向汽缸通入蒸汽，推动活塞向上运动，然后再向汽缸通入冷水，使蒸汽冷凝，缸内形成真空，这样便可以利用大气压力使活塞反向运动，以此带动水泵排水。纽可门蒸汽机基本上满足了矿山抽水的需要，几乎在英国所有的矿井都应用了这种蒸汽机，实际上它只不过是一台蒸汽排水机。

瓦特所要修理的正是这样的蒸汽机。他也就是在这样的基础上开始了对蒸汽机的研究。经过对纽可门机的分析研究。联系到他在听他的老朋友布莱克讲课时，所了解到的关于潜热和比热的知识，受到启发，终于找到了纽可门机的症结所在：纽可门蒸汽机利用向汽缸喷冷水获得真空，这样活塞每上下运动一次，汽缸都要冷却一回；第二次进入的蒸汽首先要加热汽缸，待汽缸本身的温度升高后，才能推动活塞。这样一方面因蒸汽浪费造成了效率低，另一方面则因时间耽搁造成动作慢且不连续。由此，他得出结论：为了使蒸汽有效地推动活塞，首先必须设法使汽缸保持与进入的蒸汽相同的温度，其次必须使进入的蒸汽尽快冷凝，以获得缸内负压或真空。通过上述分析，使瓦特明确了改进的方向。采用什么办法达到这两项要求呢？他针对这一问题开始了新的研究，并经常利用瓶子、竹筒等工具进行试验，遇到不懂的问题就四处向人请教，简直达到了废寝忘食的程度，一度使一些人误认他的神经失常了。转眼将近两年的时间过去，对于如何改进，瓦特仍是感到一筹莫展。

1765 年 5 月的一个星期日，瓦特正因试验没有取得任何进展而灰心丧气的时候，新婚不久的妻子（也是他的表妹）马格丽特·米拉——一位温柔而有主见的女性，见他日夜苦思，食不甘味，夜不成眠，就劝他不要把自己搞得太紧张了，利用假日到郊外玩一玩，散散心。于是，瓦特接受了妻子的建议，信步来到了城外的草原上。他抬头向远处的天空望去，见片片白云在湛蓝的天空下飘动。这白云多像蒸汽啊！一想到蒸汽，瓦特的脑子又进入了工作状态。随着脚步不自觉地继续前移，瓦特的脑海里突然跃出了一个想法：蒸汽本身是有弹性的物体，当蒸汽膨胀后，一定会往真空的地方移动。如果在汽缸外另设置一个容器，蒸汽就可以进入这个容器内进行冷却，这样，无需再冷却汽缸，蒸汽就可以冷缩，而汽缸也就可以保持在高温状态了。

犹如艺术家获得灵感一样，这一想法使瓦特兴奋不已。他带领几个助手按这一想法开始进行试验，经过夜以继日的努力，好不容易造出了一台带有分离冷凝器的蒸汽机。不料，这台蒸汽机几乎不能动作，效果反而不如纽可门蒸汽机，原因即在于汽缸和活塞间的密封不好，四处漏汽。

由于试验的耗费，使瓦特的经济状况倍感艰辛，无力继续试验。从天性上说，瓦特本是个性格忧郁的人，而且对痛苦和不安有些神经质，一碰上不顺利的事就会表现出心灰意冷的情绪。每遇到这种情况，妻子米拉总是温柔地鼓励他，为此，瓦特十分感激她，把她当成自己的主心骨。这次又是在妻子的鼓励下，瓦特又重振精神，在别人的资助下，继续试验。可是接着的数次试验，也都因材料和工艺问题未很好解决而失败了。恰在这时，伯明翰一位有远见的实业家马瑟·博尔顿看到了蒸汽机的潜在用途，主动请瓦特到他的工厂里去进行发明试验，并给以经济上的资助。在这里，瓦特又用了三年多的时间反复试验，并在有经验的制造枪膛的工人帮助下，制造出了较精密的汽缸和活塞，终于在1769年制成了装有冷凝器的新型蒸汽机，在试转中获得了预期的效果。冷凝器的发明是瓦特对蒸汽机改进的第一大贡献。

普通应用动力机的发明

瓦特的蒸汽机与纽可门蒸汽机相比，耗煤量减少了四分之三，效率却提高了六倍，其他各项性能均得到明显改善。但由于它仍是一部"单向式"的蒸汽机（即只在活塞一端进汽，靠大气压力实现反向运动），所以它只能满足矿山排水的需求，还无法作为一般动力机在工业各部门普遍应用。

此时的英国，正处于技术大变革的前夜，一场人类历史上空前的工业革命正在这里拉开序幕。这场革命的开端是由纺织机的改进开始的。一批工匠出身的杰出发明家如凯依、哈格里沃斯、阿克莱特等人，相继发明了飞梭、珍妮纺纱机、水力织布机等等，使英国纺织业的劳动生产率提高了几十倍甚至上百倍。但是，就它们的动力来看，还主要是人力和水力，由于受生理极限、地理、季节等因素的限制，使动力问题成为制约劳动生产率进一步提高的"瓶颈"。

这样一种社会环境促使许多人开始注意能否用蒸汽机为纺织业提供动力的问题。这当然也是瓦特完成了对蒸汽机的初步改进之后所关心的首要问题。事实上，瓦特在改进了单向式蒸汽机后并没有停步，他又全身心地投入了新的研究试验当中。经过十多年的努力，1782年瓦特终于发明了具有伟大历史意义的"双向式"蒸汽机。这种蒸汽机通过一个滑动阀的控制，在活塞的两端轮流进汽、排汽，推动活塞作连续而均匀的往复运动。瓦特在1784年4月为"双向式"蒸汽机填写的说明书中，不再把它的蒸汽机看作是为特殊目的所进行的发明，而是把它看作是大工业可以普遍应用的动力机。

为了实现蒸汽机在工业上的普遍应用，还必须把活塞的往复直线运动转变为旋转运动。因此，瓦特同时又发明了曲柄连杆机构。这样，活塞的往复运动，通过曲柄连杆就转化成了主轴上的旋转运动。"双向式"蒸汽机和曲柄连杆机构的结合，使蒸汽机成为名副其实的"万能发动机"，即可普遍适用于工业生产。这两项发明成为瓦特对蒸汽机的第二大贡献。

除此之外，瓦特还为使蒸汽机的功能达到完善化而作了大量的工作。例如，采用空气泵来排除汽缸中残存的空气和水；使用涂油的衬垫来提高活塞的密封性能；在汽缸和汽缸外罩之间设置蒸汽夹套来防止散热，以便保持汽缸的温度；采用高于大汽压的蒸汽，使它在汽缸中膨胀来作功，为大幅度提高蒸汽机的效率开辟了新的途径；他还发明了示功器，可以将蒸汽的压力与其体积的关系描绘出一个图。此外，瓦特还有一项值得提及的重要发明，这就是离心式调速器。这是一种利用离心原理自动调节汽缸的进气量，从而保证蒸汽机主轴转速保持稳定的装置。这种装置的工作原理是：在一根能够旋转的垂直轴上系有两个金属球，用蒸汽使垂直轴旋转。当垂直轴开始旋转时，由于离心作用，金属球就会上升。汽缸里蒸汽过多时，调节器的垂直轴的旋转就加快，金属球于是就上升得更高，从而使阀门部分闭合，进入汽缸里的蒸汽也随之减少。蒸汽压力小了，垂直轴的转速也随之减慢，于是金属球在重力作用下开始下降，阀门又被打开，更多的蒸汽又进入汽缸。这样，进入汽缸里的蒸汽量得到了调节，可以基本保持不变，蒸汽机有了不断修正自己"错误"的"头脑"。因此，它可以说是最早的"自动控制"装置。它的意义也许并不限于装置本身，更重要的是，它所体现出来的"自动控制"原理给后辈技术发明家以深刻启迪。美国著名科普作家阿西莫夫据此认为，瓦特是"点燃两次工业革命的导火线"的人，即他不但以蒸汽机的改进发明而推动了第一次工业革命，而且当代正在经历的"自动化革命"也可追溯到他那里。

众所周知，早在远古时期，人类的祖先就学会了利用机械能来获得热能——钻木取火，这是人类向利用自然能迈出的第一步。第二步是其逆过程，即热能转化为机械能。蒸汽机的发明，特别是瓦特蒸汽机的发明标志着人类真正掌握了一种巨大的自然能源。这一步整整跨越了近百万年。瓦特蒸汽机的发明，使人类获得一种稳定可靠地把热运动转化为机械运动的机械装置，找到了一种效率高、能力大且燃料来源容易的原动机。瓦特蒸汽机发明后，迅速在采矿、纺织、冶金、机器制造、磨坊等各种行业中被广泛应用，大大提高了劳动生产率，促进了旧的工场手工业向机器大工业的迅速过渡，直接推动了18世纪的工业革命的深入开展。也由于瓦特蒸汽机的出现，才导致了火车、轮船的发明，使人类社会进入工业文明时代。因此，瓦特蒸汽机不但是科技史上有伟大意义的发明，而且是人类社会发展史上的一个重要里程碑。恩格斯对蒸汽机的发明曾给予高度评价："蒸汽机是第一个真正国际性的发明，它使工场手工业时代迟慢的发展进程变成了生产中真正的狂飙时期，""是社会领域中实现了巨大的解放性的变革。"

才能加努力方能成功

瓦特以其在蒸汽机改进方面的巨大贡献而于 1784 年被推选为爱丁堡皇家学会会员，1785 年又被选为英国皇家学会会员。以技术工人的身份而进皇家学会，这对皇家学会来说还是首例。1814 年，瓦特又作为外国专家而成为法国科学院院士。

一个没有受过良好教育的普通工人，却为近代技术和社会发展作出如此重大的贡献，其成功的秘诀何在呢？这一直是一个为众人所关心却又众说纷纭的问题。

有人说，瓦特的发明是在很多人的启示帮助下取得的。这种观点是有道理的。因为任何发明都要继承前人创造性的成果。如果没有萨弗里、纽可门等前辈的成果，也就谈不上瓦特对蒸汽机的改进；同样，如果没有同时代的许多学者、工匠的帮助，瓦特要取得这样的成就也是不可能的。瓦特在发明冷凝器时，格拉斯哥大学的学者布莱克提出的潜热、比热等理论曾给他以启示。另外，如果不是伯明翰有经验的工匠帮助他解决汽缸和活塞的精密加工问题，瓦特的工作也很难最终完成。正如马克思指出的："瓦特等人的发明之所以能够实现，只是因为这些发明家找到了相当数量的、在工场手工业时期就已准备好了的熟练的机械工人。"发明家们首先要继承前人和同时代的各项成就，然后才能有所作为。同时，蒸汽机的发明也是时代的产物，是当时社会生产的需要使蒸汽机由玩具、设想而成为社会普遍应用的动力机。

但另一方面，这决不意味着发明家本人的作用会因此而变得无足轻重。事实上，任何发明，尤其是其中最激动人心的篇章，总是由发明家的创造性才能谱写成的。从这个角度来看，蒸汽机的成功改进，又是瓦特的优秀品质、创造性才能和勤奋工作的结晶。

有人把瓦特的成就仅仅归功于瓦特的"天才"，实际上这只说出了问题的一个方面。在瓦特身上确实凝聚着好学、好奇、好问、善于动脑等有利于成为发明家的优良品质。这些品质是瓦特取得成功的重要条件。但更重要的还在于他善于发现问题，脚踏实地，坚持不懈，勤奋学习，勇于探索，这些在后天的实践中磨炼出来的优良品格鼓舞着瓦特勇于进取，去攻克一个又一个难关。瓦特虽然性格忧郁，但又是一个百折不挠的人，他善于灵活转移发明的目标，从而使他所设计和制造的蒸汽机日趋完善，这也正是他成功的奥秘所在。

瓦特勤奋学习不但表现在提高自身的业务能力方面，而且表现在他具有广泛的兴趣爱好。为了阅读外国科学技术书籍，他自学法文、意大利文、德文，并达到了精通的程度。他对古代史、法律、艺术、哲学等也十分感兴趣，并且十分喜欢音乐。此外，瓦特还是一位出色的土木工程师，他广泛参与了桥梁、运河、港口设施的设计，受到了人们的尊敬。

　　当然，瓦特把主要精力都投入了他最喜爱的机械发明制作方面。在改进蒸汽机成功之后，他并没有止步，直到晚年，仍在孜孜不倦地从事机械方面的研究，并取得了许多新的建树，如他后期发明的示功器，能将蒸汽的压力与体积的关系描绘出一个图。这种仪器犹如内科医生用的听诊器一样，对蒸汽机具有重要作用。这一发明在物理学上也具有重要意义，是研究热力学的重要工具。

　　1819 年 8 月 25 日，瓦特在休斯菲尔德的家里去世。终年 84 岁。为了纪念这位将人类带进工业社会大门的伟大发明家，在修建的很多纪念碑上面都刻着"ingenioet labore"（"才能加努力方能成功"）的文字。

人类机器时代的开拓者莫兹利

　　今天的人们常说，当今的时代已进入信息文明的时代。严格地说，今天应该是信息文明的开始时期，机械文明的成熟时代。信息时代的来临是由于计算机的发明和应用。那么，机械文明时代又是由于什么样的发明和应用才开始的呢？机械文明时代是由于"用机器生产机器"才真正开始的。人类早就可以用手工工具来生产机器，但真正能够用机器生产机器，还是 18 世纪末期的事情，因为直到那时才发明了机床。机床本身是机器，但它又可以生产出各式各样的机器来。在机床的发展史上，

有一个人作了杰出贡献。他就是英国的发明家莫兹利。莫兹利因发明了车床和滑动刀具，而被称颂为人类机器时代的开拓者。

一定要到布拉马的制锁厂去

进入 18 世纪以后，在欧洲各地出现了很多锁匠和钟表匠。他们都是当时在机械制造技术方面最有本事的人。在英国也有一位机械制造技术的权威人士，名叫约瑟夫·布拉马。他是一位著名的安全锁的制造业者。他的制锁厂成了每个想成为一名真正的机械工匠的人所向往的地方。当时，有一位年青的学徒工，早就有到布拉马工厂去学技术的愿望，可就是没有机会，而且由于他的七年学徒期未满，即使有机会也去不成。这个年青人就是莫兹利。

亨利·莫兹利于 1771 年 8 月 22 日出生在英国的考文垂。父亲是个退伍军人。莫兹利小时候基本上没受过正规教育。12 岁时就进了考文垂兵工厂做工，在该工厂制造炮弹。14 岁时进入一家造船厂，跟随一个细工木匠当学徒工。但是莫兹利对学木工没什么兴趣，他平时最喜欢的是机械，尤其喜欢铁匠铺中的锻工机械，经常偷空去离他家不远的一家铁匠铺观看锻工们用汽锤加工铁制品。有时他一看就是半天，甚至忘记了回家吃饭。最使他感到奇妙的就是，一块在他看来坚硬无比的铁疙瘩，一到了锻工们的汽锤下，竟能如此顺从人意，让它呈什么形状它就会成什么形状。父母见小莫兹利如此迷恋这一行，便逐渐改变了让他当木工的想法，并在他 15 岁这年托人将他送进了这家铁匠铺当了一名徒工。这下可遂了他的心愿。他热心学习，拼命地干机械活，在较短的时间里便成了一名得力的助手，并炼就了一身金属加工工匠所必备的全面技能。特别是他使用锉刀的本领之高，达到了整个铁匠铺没有人能与之匹敌的程度。当时铁匠铺里的老工匠们都十分喜爱这个勤奋能干的年轻人，他们曾不无夸赞地评价莫兹利说："什么工具他都喜欢使用，即便是使用 18 英时的锉刀，他也有很高明的本领。"值得一提的是，当年莫兹利在这里制作和使用过的直角尺和卡钳，直到今天仍被人们保留着。

也许是天遂人愿，当莫兹利要想到布拉马工厂去学习技术的愿望日益强烈的时候，一个偶然的机会，使他真的如愿以偿了。

布拉马发明了一种新型锁，其防撬性能胜过以前的任何一种锁，这就是我们今天仍在普遍应用的暗锁。他在自己的铺里展出这种锁，并在旁边立块牌子，上面写着："谁能打开这只锁，甘愿奉送二百英镑。"消息传出，世人为之轰动。一时间许多人前来试图打开这只锁，但都没有成功。布拉马的制锁手艺成了人们街谈巷议的话题，同时也引来了更多的人到他那里来定做锁。布拉马用这种奇特的方法所作的广告，获得了成功，但同时也使他简直有些应接不暇了。为此，他想雇佣一名能干的技工作他的帮手，于是便委托一位手艺人帮他物色。这位手艺人恰好与莫兹利是老相识，他早就了解莫兹利的才干，便毫不犹豫地把莫兹利推荐给了布拉马。

莫兹利当时只有 18 岁，尚未出徒，但由于他的天资和勤奋，实际上已是一个技术高超的工匠了。当这位朋友把莫兹利带去见布拉马时，布拉马见他还是一个稚气未退的毛孩子，且听说尚未满徒，对他能否胜任自己这里的工作感到有些不放心，因此脸上现出犹疑的神色。为了打消布拉马的疑虑，于是莫兹利便主动提出可以对他进行当场考核，如不胜任，绝不勉强。布拉马见他态度如此坚决且充满自信，心中已有些暗暗喜欢上了面前这个小伙子。他拿出几种金工工具，让莫兹利为他加工几个零件，并说明了技术要求。莫兹利拿出工具，十分娴熟地干了起来，不一会儿，一个零件就被加工制作出来了。布拉马拿起一看，不禁感到有些惊奇，如此年轻，竟有这样的好身手！他高兴地转身对莫兹利和那位朋友说："好了，小伙子，你如果不反对的话，明天就可以到我这里上班了。"莫兹利和他的朋友都会心地笑了。布拉马更觉兴奋，因为他正计划制作一种既精密而又价格低廉的锁,他看出面前这个年轻人身上完全具备他所要求的技术素养,一定会成为自己得力的帮手。从此,莫兹利便投身到布拉马的手下。

布拉马出身于贫苦农民的家庭,他心地善良,待人热情。在他手下工作,莫兹利不仅在技术方面,而且在精神方面,都受到师傅良好的影响,加上他本人工作积极,喜爱钻研,很快在各种技术能力方面都达到了更高的水平,被公认为布拉马工厂里最有才能的机械工。因此,在他进厂不到两年时,布拉马就提拔他当了总工长。

制锁厂里的"秘密武器"

莫兹利担任总工长后,工厂接到了一批生产安全扳手的订货,由于安全扳手的精度很高,加工时间很长,一时间很难及时满足订户的需要。为此,莫兹利开始进一步考虑如何提高整个工厂的效率问题。他认识到工具是提高效率的关键。因为即使在这座被认为是英国最高水平的工厂当中,所使用的工具都是传统的手工工具,即锤子、凿子、锉刀、锯子等等,不但生产效率低,而且加工精度很难保证。那么,如何改进它们呢?

莫兹利是一个喜欢交际的人。他1.85米的大个,双眼炯炯有神,显得仪表堂堂。加上他语言幽默,性情活泼,待人接物态度亲切,且性格豪爽,无论谁和他初次打交道,都会很快地融洽起来。这些特点为他赢得了众多的至交好友。朋友多,信息灵通,也使他自己的工作受益非浅。这次莫兹利从一位同行那里得知,有的工厂已制造出一些机械工具,用于金属加工效果很好。于是在他的提议下,布拉马工厂引进了部分机械工具来协助手工工作,结果确使生产效率和精度大大提高,从而满足了安全扳手的订货需求。

　　莫兹利是一个永不满足已有成功的人，他没有就此止步。从这一件事里他得到启发，使他进一步考虑，是否能制造一般的工具机来生产各种不同类型的高精度机件呢？通过进一步分析，他发现无论多么复杂的机械装置，其金属部件的各个部分都是由具有圆形、方形或圆柱形等特殊几何形状或组合形状构成的。一根真正精密的转轴应当是个完美的圆柱体，理想的螺丝则是在圆柱体表面上有一条完美的螺旋线。如果有一台工具机，能在金属上加工出真正的圆柱面或平面，并在金属部件上切削出圆孔或方孔，这样就可以快速而大量地生产高精度的机件了。本着这样的想法，莫兹利先仔细地研究了已有的机械工具。

　　在莫兹利之前，人们已有了几种机床的发明。瓦特制造蒸汽机时，就曾用镗床来加工汽缸。简易的车床在古代就已发明了，如弓形车床。它是用来加工圆柱面的。床身是木制的，用来固定被加工的工件。车床是用人作动力，即把一个弓固定在人的头顶上，在弓弦中间拴上一条绳子，这条绳子绕过被加工的工件，底端固定在脚踏板上。当踏动脚踏板时，靠绳子的摩擦力带动工件往复旋转，这时人手拿着工具就可以对工件进行加工了。到了15～16世纪的时候，又开始大量使用曲轴机构。人踏动踏板，通过曲轴转动，就可以获得连续的旋转运动。莫兹利当时所能见到的车床仍然是这种木制车床。他经过对已有的车床观察认为，现有的车床有三大缺点需要改进：一是支持工件的床身是用木头做的，容易变形，因而常使工作件在定中心和校直时受到破坏；二是用脚踏板驱动太费力，无法加工大件金属材料；三是手持刀具难以做到精密、稳定的加工，特别是要加工那些尺寸要求较严格的部件时，不经过长期训练的人是加工不出来的。当莫兹利考虑改进车床的时候，一场轰轰烈烈的工业革命正在欧洲大地展开，由瓦特发明的蒸汽机已进入实用阶段，阿克莱特等人建立的纺纱厂已经使用蒸汽作动力。莫兹利很自然地想到，可以用瓦特蒸汽机代替人力来为机床旋转提供动力。这样，第二个缺点即可得到克服；第一个缺点可用铁来代替木料，也不难解决。唯一困难的是想个什么办法能不用手来实现刀具和工件的接触呢？为此，莫兹利开始了艰苦的攻关。他按自己的设想制作了模型，开始整天埋头于构想和实验之中，简直到了废寝忘食的程度。他的行动，使布拉马大为感动，于是，也加入了莫兹利的攻关行列，帮他出主意，想办法，并允许他自主地调动工厂里的人、财、物，供研究之用。他们曾提出过很多设想来实现非人力的刀具和工件的接触，最终确定，必须用一个铁架来把刀具固定在床身上。但随之而来的问题是，如何才能实现刀架沿工件径向的进刀和轴向的移动，从而保证加工出一个完整的圆柱形表面。经过苦思冥想和反复试验，径向的进刀问题被攻克了，即在刀架上安装一个手柄，摇动手柄，带动一组螺旋机构，进而带动刀具前后移动。最后只剩下刀架的轴向移动尚未解决。一个偶然的机会，为这个问题的解决带来了转机。一天，莫兹利车床模型用的蒸汽机坏了，他为了查找病因便将蒸汽机拆开了，当他摆弄蒸汽机中可以来回移动的滑阀时，突觉眼前一亮：为什么不可以用滑动的办法来实现轴向移动呢！

　　1794 年，莫兹利终于制造出第一台车床。这台车床便是现代车床的鼻祖，它比以往的车床有三点重大的改进：一是车床的全部零部件由铁制成；二是采取了蒸汽驱动；但主要的改进还是采用了滑动刀架。有了它，刀具不再拿在工人手中，而是固定在刀架上。刀具用两根丝杆送向工件，还可以沿工件的旋转轴平行移动。车工只须操作手柄就可以了。这样就使车工省去了为按压和操纵刀具付出艰苦的体力劳动。更重要的是，有了滑动刀架，可以大大提高加工的精密度。车刀可以以百分之一英寸的精度移动，不会再因为车工的无意动作或肌肉收缩而产生颤抖和冲击。另一个优越之处是，滑动刀架和蒸汽机的结合不但大大提高了加工速度，而且极大地拓展了加工范围。有了这种发明之后，机器各部分所必要的几何学形状，就能容易地、准确地、迅速地生产出来，即使最熟练的工人积累的经验，也不能做到这样。的确，在此以前要加工平滑如镜，没有坑坑洼洼的表面很少获得成功，而现在每个车工都能做到。

　　人们也许以为，有了车床就可以向纺织机制造、蒸汽机制造等行业提供迫切需要的精密零件了。但在 1794 年莫兹利发明第一台车床时，其直接目的还是着眼于提高布拉马工厂的生产效率和产品质量，所以此后莫兹利又造了几台这样的车床，都是作为秘密武器在工厂内部自用。布拉马为了保持自己在本行业的竞争优势，也不希望把车床在社会上普遍推广。1849 年，布拉马的一位朋友约翰·费亚利在回忆中记叙了当年的情景："在布拉马的秘密工厂里，有几台新奇的机器，这是当时其他同类工厂中所没有的，这些机器都是由莫兹利制造的。"由于这个原因，这项伟大发明的巨大社会效益，在他最初发明的几年中被压抑住了。恰在此时，莫兹利的命运中出现了第二次重要的转折，从而也为这一问题的解决带来了转机。

既是发明家，又是企业家

1793 年，莫兹利与布拉马家中的女佣人萨拉·台茵达尔结了婚。1797 年，由于家庭人口增多，莫兹利要求增加工钱，但是遭到了布拉马的拒绝。于是，在工作了八年之后，他离开了布拉马工厂，并在牛津附近的威尔士大街建立了自己的新工厂，开始独立经营。当时莫兹利只有26 岁。自立后的第一批主顾是前来定做新式铁画架的艺术家。他带领工人们小心谨慎地制了尺寸正确的优质产品，由此取得了信誉，订货便接踵而来。莫兹利的名声逐渐传开了。这使他在 1800 年赢得了第一项大宗订货——为海军部制作大批的船用索具的标准滑轮。他于 1801 年画出了图纸。但要完成这样大规模的生产任务。工厂现有的场地和人手都显得力不从心。为此，莫兹利于 1802 年把工厂搬到珍珠大街，将工厂规模扩大，雇用了 80 个工匠，并在同一年自制了制作滑轮的全部机械设备，仅制作的机床就有 44 台。经过莫兹利的努力，终于顺利地完成了海军部的这批订货。这批滑轮制成后被海军部安装在普茨茅斯港，成为该港长期使用的重要设施。这使得莫兹利的名声更高了，生意也更兴隆了。

尽管生意兴旺，可是莫兹利还是没有忘记自己心爱的车床。就在他独立办厂的第一年，即 1797 年，他对车床又作了一个重要改进。在此之前，他的车床刀架在工件轴向的移动仍需靠手动，这一次他在车床的床身中又设置一旋转的丝杠与驱动轮连接，使丝杠的旋转带动滑动刀架均匀地沿着工件的轴向移动，使刀架在工件的轴向进给实现了自动化。这样一来，车床上转动的任何材料都能够自动地加工成为一只精密的圆柱体。它的大小取决于工件的最初表置，而且只要装置好了，车床就能生产出任何数量的同样的圆柱体。由于这样的改进，就使车床在社会上普遍推广的条件更为成熟了。

　　事实上，莫兹利不仅是一个高明的技术权威，而且还是一个有远见卓识的企业家。这时，他已经开始考虑要把他的发明实现产业化，要把车床作为商品到市场上去销售。当时虽然已经有了以纺纱机、机械织布机和蒸汽机为产品的机械制造厂，但几乎都是一些以手工技术为基础的小作坊和制造所。由于缺乏机械化工具，这些机器全是工匠用手工工具，通过砍、凿、铲、削等方式一台一台单独制造出来的，不但成本高、产量低，更为严重的是，机械零件缺乏必要的精度，很难令顾客满意。如齿轮常常不能完全咬合，丝杠和螺母互相撞击，蒸汽机的活塞同缸壁间的间隙甚至能容下两个手指，为了不漏气、能动作常常不得不用破布填塞。因此，在机械制造业中采用机器生产，不但是机械行业自身的迫切需要和当务之急，而且关系到工业革命能否最终得以完成的大局。莫兹利看到了这一前景，也看好了这块大市场。作为一个发明家，也许他首先想到的是发明的完善化；但作为一个企业家，首先想到的就是市场，因此就要把发明的成果商品化。

　　1810年，莫兹利的工厂迁移到兰帕森，并进行了扩建。与此同时，他吸收了一个出资者，成立了莫兹利·福尔德商会，把原来的工厂发展成为机床生产厂家。

　　莫兹利在他的机床厂中，又搞出了许多新的发明。如他发明了锅炉钢板的打刻机，使过去的手工打刻改用机械进行了。此外，引人注目的是，他通过改进车床而实现了各种尺寸标准的螺纹的制造。

　　自从螺纹问世以来，它就被广泛地应用于机械设备和日常生活中，因此，自古以来，人们就非常注意螺丝、螺纹的制造。但以往都是靠手工操作，制造出来的螺纹精度较差，配合效果不好。莫兹利为了改进螺纹的制造，又发明了可以带动刀架平行于车床中心线运动的耦合器具，这样就能在圆柱体上刻出螺旋状的痕迹，然后再用刀具沿螺旋线切削成螺纹。此外，他还采用了齿轮组合体把主轴箱与丝杆连结起来，只要选用不同直径的齿轮，车床就可以多级改变丝杆的转速，从而可以实现加工不同螺距的螺纹。

莫兹利不但创造出正确加工螺纹的方法，而且还利用螺纹机构制作了各种测量器具，对提高加工精度作出了重要贡献。其中一项，便是他所制作的准确测量零件尺寸的千分尺，其精度可达 0.0001 英寸。这种千分尺直到今天仍然被机械工厂的工人们应用着，用来测量加工零件的尺寸。

在莫兹利的工厂中，还制作了极为平整的平面，作为加工平面的标准检测设备。在机械制造中，除了圆柱体和螺纹以外，平面部件或真正的平面也是不可缺少的。如在车床床身上，平面对于保证滑动刀架的平稳移动十分重要；蒸汽机滑阀的启动部位也需利用平面。以往生产平面的方法是将一个铸件或者锻件的面用铲子修成大体上是平的，然后再用另一个已制定为是平的面来研磨它。利用这种方法生产出来的平面是很不精确的，因为即使两个面在所有点上都接触，也不能保证两个平面就一定是平的，而很可能出现一个平面凹一个平面凸的情况。在莫兹利的亲自指导下，他的徒弟——后来也成为著名机械专家的约瑟夫·惠特沃斯，研究并解决了真正平面的制作问题。惠特沃斯认识到，两个在所有点上紧贴的面并不一定是平面，但要是有三个面能两两紧贴的话，那它们就一定是真正平的。这样，在实际制作平面时，用三个平面互相研磨，就可以同时研磨出三个平面来。在莫兹利的工厂中，利用这种方法成功地制出了标准平面。这以后就可以将这种标准平面放在操作者身边，供作加工新平面的标准使用。莫兹利的另一位高徒、蒸汽锤的发明者詹姆斯·纳斯米希当时曾经赞赏地称这种方法为"空前的绝招"。

经过莫兹利本人和他众多的徒弟们的不懈努力，莫兹利工厂的机械制造技术达到近乎完善化的程度，莫兹利本人被公认为是英国机械制造业的最高权威，他和他的工厂指导着英国的机械工业。莫兹利工厂生产的机床都要打上莫兹利的刻印。在生产机床的过程中，莫兹利还注意使其结构不断简化。他的工厂里整天顾客盈门，用户们都赞叹他的车床名不虚传。1832 年，美国技术家塞勒访问了莫兹利工厂，后来他称赞说，莫兹利所发明的切削螺纹车床，堪称一切车床之父，这是一种靠齿轮的组合而切削不同螺距螺纹的绝妙的机器。

莫兹利的一生，以其众多的发明奠定了近代机械制造业的技术基础，而他带头推进其发明的产业化又使他成为"用机器生产机器时代"的开拓者。正是由于车床的发明和普遍推广，才使得用大机器工业取代工场手工业的第一次革命得以最后完成。

培养优秀机械师的一代宗师

在莫兹利一生的众多发明中，最重要的还是滑动刀架的发明。这是具有划时代意义的发明。正是由于莫兹利发明了滑动刀架，启发了整整一代机械发明家。他们通过掌握滑动原理，并以不同的形式把它运用于自己的发明活动中，相继发明了镗床、刨床、插床、钻床和其他各种机床。其中刨床是由莫兹利的高徒之一约翰·克莱门特于 1825 年发明的。

莫兹利的一生，为机械加工技术的发展竭尽了全力，同时还培养了许多优秀的机械人才。在莫兹利工厂工作过的许多机械技师，在莫兹利的亲自教诲和指导下，都练就了一身坚实的技术功底。莫兹利积极推进发明革新的产业化和勇于创业的精神也深深地影响了他们。这些人后来都成了领导英国工业界的优秀技术家。除了发明刨床并积极推进精密机床制造工作的约翰·克莱门特外，还有发明船用发动机的詹姆斯·西瓦德，有制造机床的威廉·姆亚；有创办机车工厂、发明自动纺纱机，使动力织机最早付诸实用的理查德·罗伯茨；有成为 19 世纪最大的机床制造商的约瑟夫·惠特沃斯，以及建立了许多机械工厂，发明了落锤高度可调节的蒸汽锤的詹姆斯·纳斯米希。

在众多的高徒中，有一位值得专门提到的是约瑟夫·惠特沃斯。他曾想出了"空前的绝招",制作出标准平面;曾制成了能测量出一英寸百万分之一误差的标准螺旋规;经他改进的精密车床、刨床、磨床和牛头刨床,使他在 1851 年的世界博览会上赢得了全球性的声誉。但是他的最大功绩是结束了螺纹尺寸和种类杂乱不堪的局面,创立了标准化螺纹的生产。这是现代互换式生产的开端。以后,美国的伊莱亚斯·惠特尼在这个思想的基础上创立了标准化——互换式的生产体制,后来汽车大王亨利·福特又将其与流水作业相结合,形成了近代机械工业的大批量生产体制,并为当代的计算机控制的自动化生产奠定了技术基础。

1831 年 1 月,莫兹利为了探望一位患重病的法国朋友,远道前往波洛纽,在那里呆了一个星期,直到朋友的病情好转方才离去。在归途中患了流行性重感冒。回到兰帕斯便一病不起,不幸于 1831 年 2 月 14 日去世,终年 59 岁。人们为一代机械技术宗师的辞世而悲伤不已。按照他生前的设计图,人们在圣·麦利教堂里为他修建了墓葬,以此来感怀这位伟大的发明家。

第一艘实用蒸汽轮船的发明者富尔顿

　　看过电影《拿破仑》的人，也许还会记得那里有这样的镜头：一个美国人拿着一艘轮船的模型，向拿破仑建议，要用自己发明的蒸汽轮船武装法国的海军，以便战胜英国人。开始拿破仑支持了这个建议，后来又撤销了支持，使这个美国人非常懊丧。后人曾评论说，如果当年拿破仑真的支持了美国人的这个建议，那就会使欧洲的历史重写。可见蒸汽轮船的意义是多么重大。那个拿着轮船模型的人，就是第一艘实用蒸汽轮船的发明者罗伯特·富尔顿。由于他的发明，开辟了世界航运史的新纪元。

不该醒来的梦

　　1765 年，富尔顿生于美国宾夕法尼亚州的兰卡斯特，父亲是一位农民。他家的境况一直不好。在富尔顿 9 岁时，父亲就不幸去世了。也正是在这一年，经历了幼年丧父悲哀的小罗伯特，开始接受学校教育。

　　可是，小富尔顿并不用功学习，考试也常常不及格。但他的课余活动却丰富多彩。他有着广泛的兴趣，而且心灵手巧，富于幻想，尤其爱好美术和手工制作，常常自制一些奇巧的玩具来玩。当时人们也许并没有想到，正是这两项爱好改变并支配了他一生的命运，使他成为闻名世

界的伟大发明家。

　　一天，富尔顿和同学们去钓鱼，这是他课余时间经常从事的一项活动。这次该他撑船。途中他觉得用竹篙撑船很费力，便开始想，能不能想个什么办法使划船省力一些呢？到了目的地，同学们都兴致勃勃地去钓鱼，可富尔顿却因撑船的疲劳，钓了不一会儿，便躺在青草丛中睡起觉来。几个小伙伴见他睡得挺香，便有意想逗逗他。他们把一根草棍轻轻地伸到了富尔顿的鼻孔里。富尔顿打了个很响的喷嚏，醒了，用手揉着发痒的鼻子。同学们以为他一定会大发脾气，但没想到富尔顿带着一种恋恋不舍的神情对他们说："真可惜，我刚刚做了一个非常有趣的梦，可你们偏把我弄醒，真可惜！"伙伴们一听都来了兴趣，一定让他讲讲究竟是什么好梦。富尔顿便给他们讲了起来："我梦见我们的小船变成了一只大船，船旁有两个大水车，水车转动着，船就往前走，虽然没有橹，却走得很快……"同学们听了都有些不以为然，有的说他大惊小怪，有的说他胡编乱造。富尔顿没有理会伙伴们的七嘴八舌，当他们散开重新垂钓的时候，他已无心钓鱼，而是静静地坐在那里，沿着刚才的梦境继续思索，梦里的大水车又在脑海中旋转起来……联想到用竹篙吃力地撑船，他忽然想到，如果做两个类似水车的叶轮，将它装在船的两侧，用手摇动，船不就可以顺利地前行了吗！回去以后，他真的开始制作起手摇叶轮来，并将其装到小船上，用手一摇，船真的很快向前滑行，而手却不感到吃力。坐上这样的船，原来不以为然的小伙伴们服气了，都称赞他聪明，有创造性。

首先要驾驶知识这艘"船"

富尔顿只上了几年学，便因家境的贫寒而被迫辍学了。14岁时他进了一家珠宝商店当学徒。不久他和附近一家枪炮修造所的工人交上了朋友。从此，他一有空，就到修造所和这位工人学习枪械的修理和试验。慢慢地，他学会了各种枪枝的试验方法，并在这位工人的指导下，独自制造出了一支结构新颖、造型美观的汽枪。这样，他对机械制作的兴趣更浓了，也初步掌握了机械制作方面的基本技能。

一个人由少年进入青年的阶段，往往也是兴趣由广泛向专一收缩的时期。但对于此时的富尔顿来说，却面临选择。他一方面很喜欢机械制造技术；另一方面又无法丢下他酷爱的绘画艺术。在一个时期里，他几乎是平行地发展着这两种兴趣和技能。1782年，17岁的富尔顿来到了费城学习绘画，并同时在一家机器制造工厂里作机械制图工作。

在这段时间里，富尔顿几乎是在两条"战线"上作战，一方面，他着眼于日后在机械制作方面能有所作为，坚持一边工作一边学习。由于只上过几年小学，这给他学习从事科学研究所需的理论基础知识带来了难以想象的困难。但富尔顿并没有气馁，他相信自己的力量，相信自己只要驾驭书这艘"船"，就一定能使自己驶出狭隘的水域，驶向无限广阔的知识海洋。他克服了种种困难，终于自学完了法文、德文、意大利文、攻读了高等数学、化学、物理学和透视画等等。同时，他的另一个志向也在不断成长。由于他刻苦钻研，他的绘画技能日臻完善，他的人物肖像画，受到了不少艺术家的赏识。这使他成了一个小有名气的肖像画家，以致于他曾一度下定决心要专心向绘画方面发展。1787 年，也就是在他 22 岁那年，他前往英国伦敦投奔画家本杰明·韦斯特，目的是要在绘画方面得到进一步深造和发展。然而，十分有趣而又意想不到的是，此举非但没有使他最终成为画家，而却成为他完全投向发明家行列的转折点。

要当一个像瓦特那样的工程师

他来到英国伦敦不久，正赶上大发明家瓦特 50 岁生日，请富尔顿画一张肖像。这个偶然的机会使他结识了瓦特。作为蒸汽机的发明者，当时的瓦特已是世界闻名的发明家。他对这位好学的美国青年十分热情，听说这位画技娴熟的青年画家对机械技术也非常感兴趣，瓦特既觉得意外，又感到高兴，于是年龄相差一倍多的两人成了忘年之交。应富尔顿的要求，瓦特把自己发明蒸汽机的经历，详详细细地讲给富尔顿听。在同这位伟大发明家的交谈中，富尔顿为瓦特那种坚韧不拔、百折不挠的进取精神所折服，更为他所发明的蒸汽机的奥妙所吸引。在了解了蒸汽机的原理和作用后，他对机械技术的兴趣再一次被强化了。他再一次下定了决心，不当画家了，要当一名像瓦特那样的工程师。

当时英国伯明翰正开始修筑运河。富尔顿为了使自己才能得到施展，同时也为了在实际工作中锻炼提高自己的技术能力，就自告奋勇地前往那里去研究运河的"河道"问题。他的兴趣和才能在这里结出了果实。他设计出了用于挖河的机铲。另外，他还发明了一种倾斜轨道，用来把船只从运河上的一个地方运到另一个地方去，并为此而发明了卷绕缆绳的工具。他还提出一个主意，就是在现场铸造为渡槽使用的钢材——这在当时算是非常先进的了。此后，他成为一位积极主张开凿运河的鼓动者，并为此编写了一本用于宣传的小册子。他往返奔波于欧洲和美国之间，鼓动人们建造运河。他认为运河要建造得小一些，通行小的船只，这样就不用修建成本昂贵的水闸。

时势造就了发明家

时势造就英雄，也造就发明家。富尔顿最终把兴趣转向发明轮船，也正是受到时代召唤的结果。富尔顿成长的时代，正是18世纪工业革命席卷整个欧洲和北美之时。瓦特的蒸汽机在生产中的普遍应用，使大机器工业以惊人的速度和庞大的规模向前发展。大工业需要海外的原料和向海外输出产品，迫切要求传统的交通手段和运输手段来一场革命性的变革。对于航运业来说，传统的人力帆船已经成为大工业发展的严重桎梏，如何提高航运的效率，迅速消除海洋的阻隔状态，已成为时代的迫切需要。同时，由于蒸汽机已经发明，而且随着各类机床的发明，机械制造技术趋于相对成熟，这就为发明新的海上交通工具准备了必要的条件。在这种情况下，人们开始探索把瓦特蒸汽机用于海路交通的问题。

在当时的欧美各国，研究把蒸汽机用到船上的人很多，其中比较成功的有美国的约翰·菲奇和英国的威廉·西敏顿。1788年，菲奇驾着他发明的"桑吞号"汽船在特拉华河上试航，总共航行了20英里，速度还赛不过当时的驿站马车，原因是他发明的螺旋推进器有很大的缺点，但要加以改进需要很大一笔经费。菲奇并非富家子弟，加上他平时专心致志于自己的研究，且对他人态度粗暴，又很难从别人那里获得支持。由于没有继续研究的经费，菲奇在最后的绝望中放弃了他的追求。

比菲奇略晚造出一艘蒸汽轮船的英国人西敏顿的命运似乎更不佳。他在改行制造蒸汽轮船以前，已研究过一段时间瓦特蒸汽机。因此，在他第一次试验蒸汽轮船时，就取得了可喜的成绩。1802年，西敏顿制造的"夏洛特·邓达斯"号蒸汽轮船拖着两艘满载 70 吨货物的驳船逆风而上。试验似乎已经成功。可是由于西敏顿的蒸汽轮船振动剧烈,在试航时把河水冲上了堤岸。这下可惊动了那些运河的经营者们,他们视其为怪物,于是群起而攻之,指责西敏顿的蒸汽船会破坏堤岸,坚决禁止通行,并派人强行将"怪物"拖上了岸,给了它一个风吹日晒的下场。从此,谁也不敢再提造轮船的事了。西敏顿也默默无声地消沉下去了。一项伟大的发明就此被扼杀在摇篮之中。一时间,人们都开始认为制造轮船是不可能的,连发明蒸汽机的瓦特,尽管在他的专利说明书中列举了蒸汽机的许多用途,但对蒸汽机能否用来为船提供动力也未敢断言。

富尔顿最初萌生制造蒸汽轮船的想法是在英国参与运河工程期间。他在考察英国内河航运时发现,过去水道没有得到很好的利用。他认为这主要是人力帆船的低效率所致。联想到许多人正在致力于制造蒸汽轮船,他感到蒸汽轮船是具有广阔前景和重大经济意义的水路运输的合适工具。他怀着一定要复活蒸汽轮船的决心,开始研究从菲奇以来许多人所造轮船的经验和教训。通过研究,他发现这些人之所以会失败,是由于有许多技术问题没有解决。只要解决了这些关键技术问题,制造轮船是完全可能的。

1793 年,富尔顿来到法国巴黎,他首先游说拿破仑,以能帮助他击败不列颠海军为条件,赢得了拿破仑的支持。他为此而建造了一条潜艇,命名为"鹦鹉螺"号,并发明了水下鱼雷。可是,在实战中,由于速度慢,"鹦鹉螺"号没能追上一条英国战舰去击沉它,拿破仑顿时失去了对这项计划的兴趣。作为对手的英国人,抓住机会约请富尔顿为他们服务。但在第一次试验中,鱼雷却出现了毛病,失望的英国人也不肯支持富尔顿的试验。

就在富尔顿求助无门之时,美国驻法国会权代表罗伯特·利文斯顿主动找上门来。原来利文斯顿在国内是一位经营航运业的生意人,并且拥有纽约议会批准在哈德逊河上经营航运的垄断权。作为高明的生意人,他早就看到了蒸汽轮船对航运业的经济意义，也很想建造轮船，但苦于自己对轮船的制造技术一窍不通。这次，利文斯顿作为美国全权代表到法国交涉另外一件事，意外地发现了富尔顿，他深为富尔顿献身于轮船的精神以及他在造船方面的经验和才能所动心。于是他和富尔顿签订协议，两个人合伙拥有哈德逊河的垄断权，以此来资助富尔顿的试验研究。不久，他又招富尔顿作了他的女婿。这使得富尔顿的研究获得了可靠的经济保证。

第一艘实用的蒸汽轮船——克莱蒙特号

此后，富尔顿在巴黎开始了轮船模型试验。他首先分析总结了自己和其他人失败的原因：船的吨位同动力大小的比例，船身的长和宽的比例，桨轮的大小，轮翼的角度，引擎的尺寸和水的阻力的关系等技术问题没有得到合理的解决。为了解决这些问题，他仔细地计算、测量，反

复试验，前后共花了九年时间，经过上百次的试验，终于掌握了许多必要的技术数据。1803年1月，富尔顿终于建造出一艘轮船。它长70英尺，宽11英尺，吃水3英尺，外轮直径12英尺，船上安装了一台八马力的蒸汽机，并装有铜蒸汽锅炉。同年8月9日，这艘凝结了富尔顿九年多心血的蒸汽轮船，在巴黎塞纳河上进行了首次试航，航速达每小时4英里。尽管它的结构很简单，样子看上去有些古怪，行驶的速度还很慢，但作为一个新生的事物，它终于问世了。然而，在胜利即将来临的时刻，意想不到的事情发生了：这艘新造的轮船当晚就遇上了狂风暴雨，使这个幼嫩的躯体还未来得及在翌日的阳光下展露英姿，就被无情地卷入了河底。尽管屡遭挫折，但富尔顿仍毫不气馁。他顾不上计较人们的讥笑和反对，又接连造出了一艘经过重大改进的新船。这艘船着重克服了脆弱性，其坚固程度足以抵御风暴的袭击。但在试航中，富尔顿发现机器马力不足，无法达到预想的速度。于是，他前往英国去购买合适的机器。但当时大马力的蒸汽机很难买到，他便萌发了自己制造蒸汽机的想法。他用了一年多时间，亲自动手，设计制造，于1805年制造成功一台18马力的蒸汽机，这台蒸汽机已不是一般的普通型，而是溶入了富尔顿的新发明，成为一种适合于船用的较安全的低压引擎。

1806年，富尔顿带着自己的成果回到了美国纽约，在利文斯顿的支持下，开始招收工人，在纽约市的东河附近创办自己的造船厂，制造新的轮船。又经过一年多的努力，他建造了一艘崭新的蒸汽轮船，这便是具有历史意义的"克莱蒙特"号。这条船长45米，宽4米，吃水深20英尺，从外形上看是一艘细长的木板船。但与传统的水板船明显不同的一个特点是，在船两侧舷外有两个像大水车一样的叶桨，这便是由蒸汽机带动而推动轮船前进的"明轮"。运行时，明轮的桨叶转动向后击水，利用水的反作用力推动船只前进。正因为它是由明轮推动的船只，以后人们便把这种船称为"轮船"，即使在驱动装置改为后部推进的螺旋桨后，这种叫法仍一直被沿用。

1807 年 8 月 17 日，"克莱蒙特"号轮船在美国作了著名的"哈得逊河处女航"。这天，天气晴朗，阳光明媚，好奇的纽约人突然发现哈得逊河上停着一艘怪船，船上立着一个大烟囱，烟囱里冒着黑烟，船的两侧各有一个大水车式的叶轮，张着白帆，一副整装待发的模样。于是，人们纷纷聚拢来等待看个究竟。当听说这是富尔顿研制的世界上第一艘蒸汽船要作公开表演时，人群里的气氛就更加热烈了。尽管八月的天气炎热难熬，但人们或撑着阳伞，或挥动着扇子，仍旧耐心地等待着。

十点钟左右，在富尔顿的引导下，"克莱蒙特"号的第一批特约乘客共 40 多人出现在码头。人群顿时出现了骚动，一群年轻人拼命往前挤，有的父母则把孩子高高地举过了头顶，人们翘首张望，争相一睹第一艘轮船发明者的风采。富尔顿此时的心情也颇为激动，从他立志要建造蒸汽轮船到今天已跨过了 14 个年头。回想起来，这是怎样的 14 年啊！往事似乎就在他的眼前晃动。他想起了儿时梦见的带有水车的大船；想起了那个初出茅庐的青年画家在瓦特面前洗耳恭听的情景；还有在运河工地上指挥操作现场铸造钢材时的场面；第一艘潜艇被法国人唾弃时的沮丧；与利文斯顿相识的激动心情；在船模试验室里欢欣与悲哀相伴的日日夜夜；第一艘汽船初试成功的喜悦以及随之而来的不幸；为打捞机器在冰冷的河水中度过的 20 多个小时……"罗伯特，到时间了，我们上船吧！"利文斯顿的一句轻声召唤使富尔顿回到了现实中。"多美的天气啊！"富尔顿轻叹了一声，然后向着周围也同样激动的人群挥了挥手，便同乘客们一起登上了蒸汽船。

富尔顿领着这群由绅士、学者，老年、青年，以及妇女和儿童组成的乘客团体绕船巡视了一周，并一一介绍了船上每个机件的性能和作用，然后他请大家都坐到了特设的船舱里。随着富尔顿的号令，机房里传来一阵轰鸣，烟囱冒起了浓浓的黑烟，两侧的明轮开始转动并不断拍击着河水，溅起了一串串洁白的水花。由富尔顿亲自驾驶，蒸汽船缓缓地开动起来了。

　　岸上顿时传来阵阵掌声和欢呼声，船上的幸运乘客们也频频挥手，构成了一幅激动人心的画面。人们都在为蒸汽船的问世而欢欣鼓舞。

　　"克莱蒙特"号驶出纽约后，沿哈得逊河逆流而上，向着距离纽约240千米的阿尔巴尼城进发。一路上，"克莱蒙特"把一艘艘帆船抛在了后头，船上的乘客们拍手称快。但是，乘客们还不得不对那随着机声而大口吐出的黑烟多加小心，因为烟屑夹着火星不时落在船板上，就这样，"克莱蒙特"号带着一群既激动又有些不安的乘客，经过了32小时的航行，顺利地到达了目的地——阿尔巴尼城。航行同样的里程，如果用普通帆船需要四天四夜。"克莱蒙特"在其第一次航行中即显出蒸汽船的优势。

　　并不是每个人都为"克莱蒙特"的成功叫好，一些嘲笑者戏谑地将其称为"富尔顿的蠢家伙"、"水上锯木厂着了火"。对此，富尔顿非但不感气愤，反而从中想到了"克莱蒙特"作为一个新生儿难免具有种种不完善之处。因此，试航成功后，富尔顿即着手对"克莱蒙特"加以改进。经过他的努力，不但克服了"克莱蒙特"初期的许多毛病，而且将航速由每小时5英里提高到每小时11英里。1808年，富尔顿同利文斯顿将"克莱蒙特"号正式投入商业运营，三个月即赢利1000美元。这充分显示了富尔顿不但是一个技术发明家，而且还具有精明的商业头脑。1809年，富尔顿又建造了第二艘和第三艘轮船。1810年富尔顿又组织公司，建造渡轮。从1803年至1812年的九年间，富尔顿共制造了17条蒸汽轮船，迎来了海上运输的新时代。

　　由于富尔顿的成功，轮船制造业开始兴盛起来，蒸汽轮船也不断得到了改进。富尔顿的蒸汽轮船是采用"明轮"推进的，即在船两侧舷外安装车轮状的桨叶，桨叶转动后击水，利用水的反作用力推动船只前进。但在以后的航行实践中，特别是由内河和沿海转向海洋航行时，明轮效率低的缺点开始暴露出来。在遇到较大的风浪时，桨叶常常会因露出水面而空转，使船只行驶摇晃很厉害。于是在1836年，英国造船工程师发明了一种形状像风车，又像电风扇叶片一样的螺旋桨，装在船尾上，并和蒸汽机连在一起，代替了明轮作轮船的推进器。这种船在航行时，螺旋桨全部淹没在水中，在水面上看不到它；遇到风浪，螺旋桨也不会露出水面，推进效果得到较大提高。从此，螺旋桨代替明轮成为轮船普遍应用的推进装置。富尔顿的"明轮"船也在统治水上交通达半个世纪后被螺旋桨式蒸汽轮船完全取代。尽管如此，富尔顿作为蒸汽机推进的新型船舶的发明者，在世界航运史，乃至世界近代史上写下了重要的一页。1838年，"狼星号"和"大西洋"号两艘船横渡大西洋，历时11天，完成了当年哥伦布用70天航行的路程。从此，一个因蒸汽轮船的问世而使航运事业更加兴旺的新世界诞生了。

　　1815年2月23日，富尔顿，这位受人尊敬的伟大发明家溘然长逝，终年50岁。人们在感叹他英年早逝的同时，欣慰地看到了由他开创的事业正在被发扬光大。

蒸汽机车的奠基人史蒂芬逊

19世纪初，当人们从坐马车到换乘蒸汽机车牵引的火车，在陆地上旅行的时候，那是何等的自豪啊！火车不仅加快了人们行走的速度，而且加速了人类历史的进程。也许是火车的车轮旋转得太快了，19世纪初还是风华正茂的蒸汽机车，在独领风骚150年之后，就变得老态龙钟了。1953年，美国宣布停止生产蒸汽机车，标志着陆路交通的蒸汽时代的结束。今天的中国也停止了蒸汽机车的生产。我们的儿童们也将在历史博物馆里才能看到蒸汽机车。今天的人们乘坐着电气机车、内燃机车风驰电掣地在陆地上旅行的时候，请不要忘记蒸汽机车在历史上所做出的杰出贡献，不要忘记发明蒸汽机车的人们，特别是不要忘记其中一个人的名字，那就是史蒂芬逊。因为正是他所发明和制作的蒸汽机车，才使蒸汽机车实用化，从此开始了陆路交通领域的一场革命。

一个"自不量力"的小伙子

乔治·史蒂芬逊于1781年出生于英国北部产煤区纽卡斯尔的一个村庄里。父亲是一个煤矿工人，一家八口人，靠父亲一人挣钱生活，日子过得非常艰难。由于家中生活困难，才八岁的史蒂芬逊不得不去给人家放牛以得到一点收入补贴家用。贫困使他失去了接受学校教育的机会。

史蒂芬逊的父亲是当地煤矿的蒸汽机司炉，这样就使他从小就和蒸汽机结下了不解之缘。他时常到煤矿给父亲送饭，看见锅炉中熊熊燃烧着的炉火，听见轰隆轰隆的机器声，使这个在乡村长大的孩子感到很新奇，觉得这比放牛有趣得多。他很快就喜欢上了这个漆黑庞大还轰隆作响的"怪物"。当时矿井里已经开始用蒸汽机来抽水了。父亲每天都和蒸汽机打交道，天天都干得满身大汗，身上也熏得漆黑，对此，小史蒂芬逊不但不反感，反而觉得父亲这种形象很带劲儿。而且他在心中暗暗地盼望着自己赶快长大，将来也能像父亲那样，去当个煤矿工人，那样就可以整天和蒸汽机作伴了。他平时最喜欢的游戏就是用泥土制作蒸汽机模型，把泥土捏成汽缸、活塞和飞轮等形状，然后装配好放在火上烧硬，还真像那么回事。

　　父亲见他如此喜爱蒸汽机，便在他 14 岁那年，把他带到了自己工作的煤矿，矿上安排他作了个见习司炉，实现了他童年的愿望，小史蒂芬逊当时真是高兴极了，因为从此他就可以和他日夜渴望摆弄的蒸汽机相伴了。尽管他的工作很单调，每天只是定时为蒸汽机添煤加油，并常常把自己也弄得满身油腻，但他不但不觉得苦，反而为自己现在也能像父亲从前那样而感到很自豪。当然，好奇心很强的小史蒂芬逊并不满足于只是为蒸汽机干"上料"的活，他一有空就琢磨他的这位心爱的"朋友"，而且总是在不停地发问，它为什么靠"吃煤"就能干活？它干起活来为什么总是发出轰隆轰隆的声响？他有时甚至想，自己从前放的牛能够拉车，看这家伙提水的"劲儿"，它的力气一定比牛大得多，能不能也用它来拉车呢？它要拉车一定会比牛车快得多！

有一天晚上，他居然做了一个梦，梦见他真的坐在一辆蒸汽机拉的车上，车子跑得飞快，不一会儿就开进了一座大城市。那里尽是高楼大厦和熙熙攘攘的人群，蒸汽机由于不认识道，任凭他怎么喊，蒸汽机也不听自己的使唤，直对着一堆人群冲了过去……他一下惊醒了，父亲听他满嘴都是吆喝牛的声音。就问他是不是又梦见放牛了。他就把自己刚才的梦讲给父亲听，并把自己的问题向父亲提了出来：能用蒸汽机拉车吗？父亲回答，恐怕不行。因为他听说过发明蒸汽机的瓦特就曾经想用蒸汽机拉车，但试来试去觉得不行。史蒂芬逊又追问了一句：为什么不行？父亲说他也说不清。父亲见他那种认真的样子，觉得他这样小的年纪就思考这样的大问题，真有些好笑，便劝他赶紧睡觉，别耽误了明天上班。从此，这个梦境和这个问题便在他幼小的心灵里扎下了根。

在以后的工作中，他开始留心机器的每一处结构和它的功能。每当机器发生了毛病，技师们来修理机器时，也正是他觉得最兴奋的时候，碰到这种情况，蒸汽机的司炉和操作工人都借机去休息。可是史蒂芬逊却留下了来为修理技师们打下手。他仔细观察技师们的每一个动作和拆下来的零部件，并抓住这些技师们的心情较好时提出一些问题，请求他们给以解答。这样，他逐渐对蒸汽机的内部构造有了初步的了解，并且对它的拆装步骤也略知一二了。但他仍觉得不解渴，这个神秘的"家伙"似乎还对他挡着一层"帘"，他决定要揭去这张"帘"。为此，他暗自做出了一个大胆的决定。

一天，别人下班都走了，史蒂芬逊找到工头向他汇报说，这几天机器噪音甚大，恐怕是机器内部的泥灰阻碍了部件的运动。然后，他主动提出，自己愿意利用下班时间将其内部清理一下。由于这天是星期六，工头急着回家度周末，因此也没有细想他能否胜任，便带着几分赞许同意了。

此时，厂内已空无一人，史蒂芬逊高兴得像得了什么宝贝似的，他觉得这台蒸汽机这会只属于他一个人了，他愿意怎样摆弄就可以怎么摆弄它了。于是，他对蒸汽机来了个大拆卸，把所有的零部件都拆开来，加以归类，并分析了各种零部件的作用和功能。这时，他觉得心里有一种从没有过的畅快，不再有什么遮挡，他对自己这位伙伴可以说是完全了解了，兴奋之余，他才注意到天色已经很晚了，得赶紧把机器装上，好回家吃饭，但在装的时候，他的兴奋劲完全被紧张感所取代。此时他才发现拆一台机器很容易，但重新装配起来却不那么简单。如果装不上，耽误了第二天的开工生产，自己一定会被开除。一想到这里，他更觉得紧张了。好在平时的观察使他积累了一些经验，因此他又忙了好半天，终于把蒸汽机重又装了起来。当他走出工厂大门时，已接近午夜，一路上他仍觉得有些提心吊胆，生怕自己什么地方没装对，第二天开工时发动不起来。他愈想愈怕，竟至于一夜未眠。第二天一早，他就急忙赶到矿上，把燃料都装足，只盼赶紧开工。随着工长下达开工的命令，史蒂芬逊的心一下子悬到了嗓子眼儿，仿佛是在等待着上帝的末日宣判。随着司炉熟练的动作，那台蒸汽机发出轰隆一声响，飞快地转动起来。史蒂芬逊这才心中一块石头落了地。

在了解了蒸汽机的构造后，史蒂芬逊又产生了新的想法，他想自己设计制作了一台小型蒸汽机。他先画好了图，然后拿去给煤矿的机械技师长看。技师长对这个年轻的司炉工如此了解蒸汽机的结构深感惊奇，再看他的设计图也表现出一定的功底，但却没有标示任何文字。一问才知这位 17 岁的小伙子是个文盲。这位爱才的老技师长便劝他先不要急于制造机器，而要先学习文化，掌握一些科学技术知识，那样就可以不光是模仿人家的东西，更可以创造出更好的机器。史蒂芬逊也觉得，自己将来无论从事什么工作，不识字都是个弱点，要研究蒸汽机就更难。现在听了技师长的话，他便下定决心要到夜校去学习文化。从此，他白天在煤矿做工，晚上到夜校学习，而且还经常抽出点时间给人家修补皮鞋，用赚来的钱购买书籍。幸得他从小就参加体力劳动，练就了结实的身体，尽管每天很辛苦，但他还能顶得住。经过刻苦学习，他终于能顺利地读书了。通过读书，他学到了一些科学知识，也弄懂了一些机器的工作原理。

一天，史蒂芬逊所在煤矿的一台蒸汽机突然停转了。几个机械师检修好一会儿，急得汗流浃背，总也找不出毛病出在哪里。史蒂芬逊也站在旁边，不动声色地端详着这台机器。过了一段时间，经理挤进人群，脸色有些阴沉地说："修得怎么样啦？再不快修好，矿里的损失可就大了！"机械师们面面相觑，默不作声。过了片刻，有一个机械师面露难色地说："经理先生，这部机器看来毛病不小，今天怕是修不好了。""什么，矿山养你们难道是白吃饭的吗？"经理先生愤怒地吼道。经理转身正要离开，一直在人群中默不作声的史蒂芬逊向前跨了一步，鼓起勇气说："经理先生，如果您同意，我想来修修看……"技师们回头一看，不禁暗自觉得好笑：我们这些干了多年的行家都修不了，你这个锅炉房的杂工能修好？也有些太自不量力了！经理打量了一下这个有股子冲劲的年轻工人，虽然也觉得信不过，但一想起停工的损失又觉得无可奈何，只好说："好吧，眼下没有人能把它修好，你想试就试一试吧。"

周围的人也一阵交头接耳，技师们都冷眼旁观，准备看这个自不量力的小伙子是怎样出丑的；一些工友则觉得他太冒失，为他捏了把汗。

其实，史蒂芬逊凭着他平时对蒸汽机的了解，以及他刚才的细心观察，他已经估计到毛病出在哪里。他拿起改锥、板子和铁锤，熟练地拆开了机器。平日里，只有机械技师才有资格拆装蒸汽机，现在一个锅炉杂工竟大模大样地干了起来。机械师们确实感到不能容忍。其中一位技师不满地责问他："喂，你疯了吗？把机器全拆散了，等会你还能装好吗？"史蒂芬逊不慌不忙地回答："请放心，先生们，我能拆就能装好！

再说，不拆开我怎么修呢?"

说完，史蒂芬逊把拆下来的机件一件一件擦试干净，调整好了出毛病的地方，然后熟练地按原样安装好。他收拾好工具，自信地对经理说："经理先生，现在修好了，请试车吧。"一试车，机器果然轰隆轰隆地又正常运转了起来。原来自命不凡的机械师们面面相觑，败在这个锅炉杂工的手下是他们怎么也没想到的，一时间真感到有些无地自容。一旁的工友则翘起大拇指称赞史蒂芬逊。经理脸上的疑惑和愁云也一扫而光，高兴地拍着史蒂芬逊的肩膀连连夸奖说："好，干得好，年轻人，我一定要奖赏你!"过后，经理真的奖赏他 20 块钱，并破格提升他当上了矿上的机械技师。这一年他 22 岁。这样，他工资增加了，经济状况比以前好了。同一年，他又喜得贵子，取名叫罗伯特。

鉴于自己的童年因贫困而没有受到正规教育，史蒂芬逊对儿子的教育十分重视。他先让罗伯特进入纽卡斯尔的布鲁斯学校受到了初等教育，1802 年又指点他考进爱丁堡大学学习。在此期间，他还经常和儿子共同学习，一起去听重要的讲座和报告。毕业后又安排罗伯特在自己手下工作了几年，接受实际工作的锻炼。经过史蒂芬逊的悉心培养，罗伯特最终也成为一位著名的机械专家，并在日后发明蒸汽机车的过程中成为他的得力助手。

史蒂芬逊担任机械技师后，工作热情更高了，新的岗位使他的聪明才智得以充分发挥。他在修理机器的过程中，接触了各种矿山用的机械，了解了它们的结构和性能以及存在的问题。于是他便开动脑筋，针对问题加以改进。许多经他改进过的机器都极大地提高了效率或安全可靠性。这样，在他担任机械技师职务两年后，即 1805 年，史蒂芬逊就已成为闻名于全矿首屈一指的机械专家，获得了"机械博士"的美称。这以后，他又为自己所在的基林格沃斯矿山做了一件具有重要意义的改革。

当时，英国的一些大城市已经铺设了"铁路"，这是两行用铁皮包着的木轨，主要是供城里的马车特别是邮政马车使用，它可以省力而提高效率。史蒂芬逊从中受到启示，在他的建议和亲自指挥下，矿山为搬运矿石用的矿车铺设了轨道。为了提高强度，史蒂芬逊将木制铁皮轨道改为完全用铁制成的轨道。这样不但提高了搬运效率，而且大大减轻了搬运工人的劳动强度。以后，他又把这种铁路加以扩展，使得向外运送煤的马车也用上了铁轨。由于贡献卓著，1812 年，年方 30 岁的史蒂芬逊被任命为基林格沃斯矿山的机械技师长。为此，他免费得到了住宅和供应煤，年收入达 1000 多英镑。

迎着时代的召唤前进

史蒂芬逊成长时期的英国，正处于工业革命的高潮时期。英国的工业生产飞速发展，推动着社会生产和生活各个领域的变革。特别是蒸汽机发明推广后，由于工业生产的巨大需求，导致了煤的大量开采。但如何才能把这些煤及时运到用户那里，却变成了一个突出的问题。当时不但是采煤业，采矿、冶炼以及机器制造也都取得了前所未有的发展，也都面临着同样的问题，所有这一切都显示出，工场手工业时期传下来的交通运输手段，对于大工业来说，已经满足不了要求，甚至成为不能容忍的桎梏，一场交通运输工具的革命即将来临。当时的英国修筑了大量的公路，开凿了大批的运河，并铺设了不少供马车运行的"铁路"，但仍然满足不了社会的需求。在这种情况下，水上交通工具率先完成了革命性变革。1807 年，富尔顿发明了蒸汽轮船，把蒸汽机运用于船上作驱动力，为陆地交通工具的变革作出了榜样。时代正在呼唤新的陆地运输工具的诞生。

史蒂芬逊，作为大煤矿的机械技师长，更为切身体会到了时代的脉搏。他率先在矿山铺设铁路，目的就是为了提高运输的效率。但不久他又发现，仅仅改革道路还不行，靠畜力所提供的有限的动力，仍无法满足大量煤炭的运输要求。必须设法搞出一种新的动力机械来取代马车才行。一想到这个问题，童年的梦境立刻从他的脑际闪过，自己不是早就设想过要用蒸汽机来代替牛马拉车吗！现在，既然蒸汽机能用来开船，那它也一定可以用来开动车辆！但瓦特当年没有成功的原因又在哪里呢？

带着这个问题，他开始搜集材料，并为自己动手发明蒸汽机车作准备。通过调查研究，他发现，除瓦特外，已经有不少人想过要把蒸汽机应用到陆地交通中，并试制了几辆用蒸汽机作动力的火车，但都不理想，没有成功。

最早的是在 1770 年，一位法国炮兵军官尼古拉·约瑟夫·居纽（1725—1804）制造了一辆炮车。可是这辆炮车为了积聚蒸汽必须每隔一刻钟停一会儿，因此不能付诸实际应用。

十五年以后，即 1785 年，威廉·米多克（1745—1839）设计了一种可在公路上运行的蒸汽车，它比居纽的蒸汽车速度快，而且节省蒸汽和燃料。但它有个致命的问题是机器和燃料所占的空间十分庞大，造成自身重量与有效负载之比严重不合理。因此也无法实际使用。

英国工程师理查德·特里维西克（1771—1833）研究总结了米多克失败的原因。他认为公路的摩擦阻力太大，而如果让蒸汽车在铁轨上运行则可使摩擦阻力大大减少。他进一步研究认为，蒸汽车消耗同样的动力可以载运比公路车辆多 25 倍的货物。此外，蒸汽车辆上可以挂几节车厢，使有效空间扩大。而在公路上由于驾驶上的困难，这样做是不可能的。在此基础上，特里维西克研制成功了一种供铁路用的蒸汽机，并于 1800 年获得专利。为此，他还与瓦特发生了专利纠纷。特里维西克申请专利后，瓦特和他的合伙人博尔顿曾控告他侵犯了自己的专利权。法庭经过研究认定，特里维西克的蒸汽机利用的是高压蒸汽工作，而且是一种"排汽式蒸汽机"，即蒸汽不流入冷凝器，而释放到空中。因而这是一种不同于瓦特的低压蒸汽机的新型蒸汽机。法庭据此驳回了瓦特等人的控告。这样，特里维西克得以继续研制他的高压蒸汽机车。

1803 年左右，第一批特里维西克机车在英国的一些冶炼厂已开始投入运行。它们拉着敞篷货车，有时也运送乘客。这种车可装载 10 吨铁和70 个人，时速为每小时 4 千米。特里维西克在伦敦还展出一台在环形铁路上行驶的机车。但特里维西克的机车并没有得到推广，这除了由于它自身重量（5 吨）与有效载荷（10 吨）之比不合理以及行驶速度与马车相仿等原因外，主要原因还在于铁轨。特里维西克所用的铸铁铁轨很脆，经不起沉重的负载和冲击。经常发生机车因铁轨断裂而出轨的事故。因此，时间一长，人们变得对这种车不敢问津。最后特里维西克也放弃了蒸汽机车的研究，转而去搞更有成功希望的事业去了。

在蒸汽机车的发展过程中，有人认为机车不能牵引较大的负荷，是由于轮子在轨道上"打滑"造成的，于是设计了一种机车：它的驱动轮采用齿轮，而铁轨采用齿条，两者相啮合，以此来防止打滑。但这种车因车速太慢而没有被人们重视。有一个英国机器制造师还设计了一个"机械步行者"，其双腿用蒸汽机驱动，这个东西在一次锅炉爆炸中销声匿迹了。

史蒂芬逊开始考虑研制蒸汽机车时，铁轨已改用铸钢制作，克服了铸铁的脆性。史蒂芬逊在总结了前人的成果以后认为，以往的蒸汽机车之所以失败，就在于它们都存在着妨碍实际使用的缺点。其中最主要的有两点：一是机器和燃料的自重与有效载荷之比不合理，造成运载量过低；二是速度太慢，与马车相比显示不出什么优势。

"旅行 1 号"蒸汽机车问世

针对这两个关键问题，史蒂芬逊开始了自己的研制工作。经过两年多的苦心钻研，史蒂芬逊终于研制成功了自己的第一部蒸汽机车，取名"布鲁海尔"，并于 1814 年 7 月 25 日投入运行，奔跑于基林格沃斯煤矿到港口之间 15 千米长的轨道上。它拖有八节车厢，载重 80 吨，时速达到每小时 6.5 千米。

这部蒸汽机车初步解决了运输效率问题。可是它仍存在明显的缺点：不仅外型难看，而且由于没有减震装置，行走起来震动很厉害，有时甚至震坏了路轨。另外，它放起汽来，声音尖得厉害，把附近的牲口吓得乱跑乱叫，引起沿线居民的恐慌。有些人找上门来，指责史蒂芬逊的"蠢家伙"声音太响，把他们家的牛吓跑了；有的说车上冒出的火星烧着了他家的树，震坏了他的房屋，并要求赔偿……

史蒂芬逊深知自己的车还有很多尚待完善的地方，为此，他不断对机车进行改进。为了减少运行的震动，他加设了减震弹簧；另外他把汽筒与烟筒相连，让废汽从烟筒中排出，这样既减小噪音，又增加烟气向上的冲力，从而使炉中空气循环加速，使煤燃烧更旺，反过来又使汽锅内蒸汽发生量增加，火车的推动力增加了好几倍。在不断改进的基础上，史蒂芬逊又为矿山制造了第二台、第三台蒸汽机车。但在此期间，他的蒸汽机车仍仅限于为本矿山运煤，一直没有机会在社会上推广。因此，它的社会影响力也不大。1821 年，英国政府决定在斯托克敦至达林顿之间铺设铁路。建成后，它将成为英国第一条公用铁路，总长约为 40 千米。史蒂芬逊由于在铁路建设方面已颇有声望，因而被聘请担任该项铁路建设工程的总工程师。史蒂芬逊早就有心要把蒸汽机车推向社会，使之成为一种通用的交通工具。他认为应该抓住现在这个机会，使蒸汽机车在公众面前展露风姿。为此，他在指导铁路建设工程的同时，于 1823 年和两个共同出资者建立了世界上第一个机车制造工厂，并在厂内开始研制新型机车。

1825 年，史蒂芬逊在长期积累经验的基础上，研制成功了世界上第一台比较完善的客货两用机车，它拖有 38 节车厢。载重 90 吨，时速达到 24 千米，命名为"旅行 1 号"。同年 9 月 27 日，在斯托克敦至达林顿之间的铁路建成之日，史蒂芬逊亲自驾驶"旅行 1 号"举行了通车仪式。

　　这一天，阳光明媚，秋高气爽，斯托克敦市的市民以及周围的村民们，早早地便聚集在"旅行1号"的周围，好奇地打量着这个漆黑庞大的"铁家伙"，兴奋地议论着。很多人特意骑马前来，想要和它一争高下。时钟指向九点时，史蒂芬逊和600名特约乘客，其中包括部分国会议员和英国交通公司的董事长，一起蹬上了"旅行1号"。他向车下兴奋的人群挥了挥手，然后便熟练地发动机车。随着一声汽笛的长鸣，烟筒里冒出了大团乳白色烟雾，机车在轰鸣声中开动起来，顿时车下一片欢腾，车上的人们激动地挥动手臂，有的人则骑马追随火车奔驰，场面十分壮观。人们在共同为蒸汽机车的成功而欢呼。从此，宣告了蒸汽机车的正式诞生。至今，这台第一次拉载着600名乘客走完了33千米路程的火车头，仍然陈列在达林顿。它的轨距是当时英国邮政马车普遍采用的轮距1435毫米，这个轨距后来为许多国家所采用，并沿用至今。

机车竞赛中的胜利者

　　然而，围绕着是否发展蒸汽机车铁路运输的斗争却很激烈。特别是当1826年英国最大规模的铁路工程——曼彻斯特至利物浦两大城市间的铁路工程准备上马时，更遭到了空前激烈的反对。沿线居民担心房倒屋塌，更主要的是那些经营运河航运的资本家因经济利益而强烈反对。他们甚至揪住史蒂芬逊早期蒸汽机车的缺点，让人在报上撰文攻击蒸汽机车，说什么"火车的声音很响，第一个结果将使牛受惊，不敢吃草，从而牛奶就没有了；鸡鸭受惊，从而蛋就没有了；而且烟筒里毒气上升，将杀绝飞鸟；火星四散，将造成火灾；倘若汽锅爆炸，则乘客将遭断手折骨之惨。"当时，有些生理学家、医学家们，也起来反对蒸汽机车，他们煞有介事地说："乘火车过隧道，最有害于健康，对体质较强的人，起码也会引起感冒和神经衰弱等病症；如果身体衰弱的人，则危险更多……"

由于遭到反对和受舆论的影响，英国议会经过长时间的辩论后才批准了这个工程。承担该项工程的建筑公司以每年两千元的高薪再次聘请史蒂芬逊担任筑路总工程师。在工程建设过程中，史蒂芬逊曾经碰到过许多非常艰难的技术问题。这一带的地理条件非常不利。必须建造很多的隧道和涵洞。此外，铁路还要穿过沼泽和河流地带，为此必须筑堤以及修建桥梁。好在此时他的儿子罗伯特已经成长起来，成了他的得力助手。在工程中，罗伯特多次独立地担当起架桥的重任。有时为了求出最佳桥形，史蒂芬逊也和儿子一起搞实验，最后搞清了横梁对保持梁的刚性所起的作用。在这些实验中，史蒂芬逊对板结构梁的设计理论研究有了较大的突破。

铁路建成了，至于选用什么样的机车一时还无法确定。有人提出疑问：史蒂芬逊的机车真是最好的吗？其他人不会设计制造出更好的机车吗？为了平息议论，也为了使这条重要的铁路选出最佳的机车，政府决定在莱茵希尔举行一次"机车竞赛会"来作出回答。史蒂芬逊十分赞成举行这样的竞赛会，为了参加比赛，他同儿子一起，特别制作了一台新的机车"火箭号"。

1829年秋，候选者集合在出发地点，参赛的共有五台机车。一时鼓声喧天，犹如过节一般。据当天的《利物浦光明报》报道，观看这次比赛的观众达一万多人。事实上，比赛开始时，真正参加的机车只有三台，另外两台在预展时即被淘汰出局，一台是由于被发现机车内藏着一匹马，而锅炉和汽缸都是摆样子的；另外一台则出了故障，竞赛委员会曾为此而推迟赛期，但仍无济于事，最后只好按弃权处理。

现在只剩下三台机车，即史蒂芬逊的"火箭号"，另外两台分别是"桑士巴里号"和"新奇号"。原规定比赛分三轮进行，按总分数决定胜负。在第一轮比赛中，"火箭号"装载13吨货物，以平均每小时24千米的速度行驶了100千米，而将"桑士巴里号"和"新奇号"远远地抛在后面。后两者由于在运行中暴露出许多缺点和毛病，所以在第二轮、第三轮比赛中，"火箭号"都是在没有竞争对手的情况下进行的。第二轮，它在车厢满载旅客的情况下，达到时速 40 千米。当"火箭号"最后一轮以 56 千米时速作"光荣之行"时，便宣告它取得了全部胜利。报纸在报道中惊呼：这次比赛将改变国内整个交通结构。

的确，从 1830 年 9 月 15 日，利物浦至曼彻斯特铁路正式通车后，英国便掀起了修建铁路的热潮。1838 年，英国铺设的铁路里程为 790 千米，1843 年为 3000 千米，1848 年达 8000 千米，十年增加了十倍。史蒂芬逊作为蒸汽机车的奠基人受到人们的敬仰，各家铁路公司都争先恐后地聘请他当顾问。在一次众议院的演讲中，史蒂芬逊不无自豪地说："全英国所有的铁路，没有一条和我没有关系。"

受英国的影响，欧洲各国也纷纷修建铁路，而且也都争着聘请史蒂芬逊当顾问。铁路很快成了世界各国最大的产业，蒸汽机车和铁路成了人类交通运输的主要工具。

蒸汽机车的发明，不但促进了煤炭、钢铁工业的发展，而且把广大

的地区连接起来，促进了人们在地区之间乃至世界范围内的经济文化交流与融合，并使人们活动的地域得到极大的扩展。因此，它对人类文明的进化与发展都具有极为重要和深远的意义。虽然当代的铁路事业已进入电气化时代，但作为这一事业的开创者，史蒂芬逊的历史功绩是不可磨灭的。

史蒂芬逊把自己绝大部分精力和年华都贡献给了他毕生为之奋斗的蒸汽机车制造和铁路建设事业。只是在晚年的最后三年，他远离了喧闹的城市，在他的领地塔普敦山庄里热心地从事农业和畜牧业，在经历了壮怀激烈的奋斗生活之后，寻找着生活的另一个侧面——田园的宁静和祥和。

1848年8月27日，这位伟大的发明家在纽卡斯尔附近的契斯塔菲尔德平静地去世，终年67岁。

转炉炼钢法的发明者贝塞麦

钢铁对于今天人们的生产生活来说是太重要了。只要稍微注意一下，就会发现，几乎到处都需要钢铁，做饭需要铁锅，切菜要用钢刀，盖高楼要用钢筋，火车、汽车、铁路、机床以及各种各样的机器，都是钢铁制成的。钢铁的拥有量，在今天仍然是一个国家经济实力的一个重要标志。可是在一百多年以前，无论哪个国家还都不能大量生产钢，钢在那时还是一种贵重金属。钢的大批量生产是从 19 世纪中叶才开始的。因为只是在这时才有了新的炼钢法的发明和应用，其中转炉炼钢法又是最先发明的。发明转炉炼钢法的人就是英国发明家亨利·贝塞麦。由于这项发明又引发了一系列的发明，使钢铁的大批量生产成为可能。所以，贝塞麦被誉为开创钢铁时代的发明家。

他有一种"反常"的性格

1813 年 1 月 19 日，亨利·贝塞麦生于英国哈福德郡的查尔顿。父亲是一位从事科学技术工作的法国人。也许由于受到家庭环境的熏陶，亨利·贝塞麦从小就对科学技术有了浓厚的兴趣；刚进入社会的时候，就已经开始显露出了一个发明家所应有的品格。不过在他的少年时代可从来都没有想过，要当一个钢铁技术发明家。

　　1831 年，贝塞麦刚刚 18 岁，就来到了英国的首都伦敦。当时的英国正是工业革命的序幕开始拉开的时候。首都伦敦的一切对于贝塞麦来说都有一种新鲜感。但是他在伦敦所从事的工作，却有点使他头痛。他在一家邮政事务所工作，每天都是在往来的邮件上盖邮戳。一天之内同样一个动作重复几百甚至上千次。对于一个缺乏探索精神的人来说；是司空见惯的事。但是对于一个探索者来说，却能从司空见惯的事物中，发现不寻常的问题，并试图解决它。贝塞麦就是这样。他越来越发现自己不能忍受这种工作的单调乏味，因此便开动脑筋，试图发明一种装置，用来代替这种单调的工作。

　　于是，他买来许多工具和零件，每天下班之后，就开始琢磨，一个人搞起试验来。有人说贝塞麦有点反常了。别人干了那么长的时间，也没感到它有什么不好；贝塞麦刚刚干了不久，就想改进它，确实有点"反常"。科学家、发明家所要干的事，往往都是"反常"的，这也正是一个发明家和一般人所不同的地方。贝塞麦不顾别人的冷嘲热讽，经过一段时间的努力，还真的发明了一种自动盖邮戳的机器。这项发明立即引起英国政府有关部门的重视，决定在全国邮政部门推广。

英国在 1623 年就制定了专利法，承认专利权人在一定期限内有制造和使用其发明产品的垄断权利。就是说一个人有了发明，就应向专利部门申请专利，并通过获得专利权来保护自己的发明的合法权益。但是年轻的贝塞麦不懂得申请专利，他的第一项发明竟无偿地被人使用了。邮政部门虽然推广应用了他的发明，但却没有给他任何报酬。只是到后来，英国国王因这项发明才封授贝塞麦骑士爵位。完成这项发明后不久，贝塞麦就离开了邮政事务所，进了一家铁工厂。在那里，他又很快完成了一项发明，即制造金属粉末的机器。这一次，他懂得了应该利用专利来保护自己的发明权，并立即申请了专利。贝塞麦确实是一位具有一种特殊性格的人。由于他并不认为现有的一切都是对的，因此，无论在哪里，他都能发现问题，也都能有所创造。比如，他还曾对制糖压榨机、望远镜、铅笔等的制造进行过多项革新。

为了给炮筒加上来复线

1853 年，沙皇俄国入侵土耳其，爆发了俄土战争。第二年，正在向西南亚扩张势力的英国和法国，又支持土耳其反对沙俄，由此引发了所谓的克里米亚战争。作为具有法国血统的英国人，贝塞麦觉得支持这场战争是自己义不容辞的责任。他决定发挥自己的才能，来提高武器的威力。为此，他开始了对步枪的研究。

我们都知道，中国人不仅发明了火药，而且是筒形火枪的发明者。不久，中国人的发明便传到了西方。西方人又不断地对火枪加以改进。其中最主要的改进就是在枪铳中开设来复线，以增加子弹射出枪膛的速度，究竟是谁发明了来复线，众说不一。大约在公元 1500 年就曾有过加有来复线的猎枪。但是直到 19 世纪中叶以前，在枪筒中加有来复线的枪还很少见。贝塞麦首先研究的就是一种旧式的滑膛步枪。他发现，这种枪的明显缺点就是射程近，命中率低。当时英国陆军中使用的就是这样的步枪。贝塞麦经过反复研究探索，制成了加有来复线的步枪，也就是在枪膛内部开设螺旋线，这样就可以使子弹在发射中旋转着前进，不但射程远，而且命中率也大大提高。

当贝塞麦把自己新研制的新式步枪首先推荐给英国的时候，他本以为会立即受到欢迎。然而，一向因循守旧的英国陆军部，对于贝塞麦的发明却毫无兴趣。这使贝塞麦大为失望，不得不将这种新式步枪拿到法国。新即位的法国皇帝拿破仑三世对这项发明极感兴趣，很快就对这种枪进行了试验，并获得了成功。步枪改进的成功，使贝塞麦又产生了一个新的设想，即把来复线原理推广到大炮上去。拿破仑三世对贝塞麦的这一设想也积极支持。为此，贝塞麦开始研究在有来复线炮筒中运行的所谓旋转炮弹。

1851 年底，在阿萨斯诺靶场，对这种新型炮弹进行试射。军官们对这种试验非常担心。当时的炮筒还是用铸铁制造的，在炮筒内部开设来复线，是为了使炮弹旋转加速前进。为此，就必须使炮弹与炮身密切配合，不然的话，爆炸气体就会泄漏。在火药爆发时，炮筒内的压力非常之高；炮弹与炮筒密切配合，又势必使铸铁炮筒容易发生破裂。贝塞麦后来曾说，这是导致他寻找新炼钢方法的"一个火花"。

寻找新炼钢方法的火花，引发了贝塞麦探索的激情。此时，他记起了曾给予他以极深刻印象的一件事。

1851 年，在伦敦的第一届国际博览会上，已经完成工业革命的英国，完全用钢铁和玻璃建造了一座"水晶宫"，用作博览会的会场，以此来炫耀它的强大。也就是在这个博览会上，德国却用另一种方式显示自己的实力：它在中央展览厅展出了克虏伯铁工厂的野炮。这种野炮不是用铸铁而是用钢铸成的。贝塞麦对此特别感到惊奇。因为当时的英国虽然钢铁工业已经比较发达了，但用坩埚法炼钢，每次也只能炼出 35 千克铸钢，要想铸造这样的大炮，那是相当困难的。从这里，贝塞麦已经认识到，要想制造钢铁大炮，必须先要解决大量快速的炼钢问题；而要想大量快速炼钢，就必须有新的炼钢方法。

转炉炼钢法的发明

人类在两千多年以前就已开始使用铁器。但直到 18 世纪末以前，人类所使用的主要是铸铁（或称生铁）和熟铁，钢的产量还很少。我们都知道，生铁、熟铁和钢之间的区别主要是看它们中间的含碳量的多少。铁中含碳量很少的叫熟铁，含碳量大的叫生铁。铁中含碳量在 0.2%—1.5% 之间就是钢。熟铁强度大，但质地柔软；铸铁强度小，很脆，但质地坚硬；钢则兼有两者的优点，它比铸铁强度大，又比熟铁硬度高，所以只有钢才更能满足人类对材料的需要。但要炼出含碳量适中的钢来并不容易。中国有句成语，叫"百炼成钢"，那是因为开始炼出来的是生铁，里面含碳量高，又有杂质，经过反复冶炼锻打，既脱碳，又去除了杂质，才能成为钢。当然还有其他炼钢方法，无非都是往熟铁里渗入适量的碳，或者使铸铁去掉多余的碳。

在贝塞麦生活的那个时代，人们仍然要通过复杂的程序，把适量的碳渗入到熟铁里去，才能炼出优质钢。本来熟铁的价格就比生铁贵，钢的价格更高于熟铁，所以那时钢还是一种贵重金属，用量也极少。1850年英国铁的产量为 250 万吨，但钢的产量只有 6 万吨。

当贝塞麦转向研究炼钢时，他对冶炼技术简直是一无所知，但他决心学习。他很快就弄清了铸铁之所以会这样脆，是因为它含碳量很高的缘故；要获得钢，关键是要降低铸铁的含碳量。传统的方法是将铸铁先变成纯铁再渗碳，其成本太高，因此贝塞麦所面临的课题是，如何用低廉的成本除去铸铁中的碳。

贝塞麦沿着这个线索继续思考。他想，要除去铸铁中的碳，就应当在熔化了的铁水中加入氧气来燃烧掉多余的碳。那么，用什么方法加入氧气并使成本最低而又最简便易行呢？空气里含有氧气，能否用吹入空气的方法来代替加燃料而把碳烧掉呢？这种想法看来似乎很荒谬，不是增加燃料，而是吹入空气，这样做难道不会把铁水吹冷，从而使铁水凝固吗？

1855年，贝塞麦开始了他的炼钢实验。在当时，几乎没有人支持他的想法，甚至连参加实验的工匠们都警告他说，不加焦炭光吹空气会使铁水在炉中凝固的。贝塞麦追述当时实验的情况时说，这次实验使他不得不和"不信任的以及深感困惑的人们打交道"。

贝塞麦没有听从人们的警告，坚持进行了实验。他把铸铁水倒入经他设计和制造的一个罐型装置中，然后从罐口鼓进空气，不久就有褐色的烟雾逸出。这时炉温不仅没有下降，反而上升了。原来铁水只有1350摄氏度，结果上升到1600摄氏度。这证明空气先将铁水中的锰和硅氧化，生成了氧化锰和氧化硅，同时铁水中的碳也被氧化，生成了二氧化碳。正是由于炉料的"燃烧"，出现了白亮的火焰，使炉温上升了。大约十多分钟之后，火焰消失了，又开始放出浓重的褐色烟雾。说明铁水中的磷也被氧化，去除了。贝塞麦用了不到半个小时的时间就炼出来一炉钢水，实验取得了完全的成功。接着，贝塞麦又把罐型装置的固定方式加以改进。原来是固定式结构，为了便于把炼好的钢水倒出来，便改为转动式的结构，所以这种炉子叫作转炉。

当时的英国从瑞典进口棒状铁，是用这种棒状铁作原料来炼钢的。这种棒状铁的价格每吨为15—20英镑。贝塞麦用高炉的铁水作原料，其铁水价格仅为3英镑。用棒状铁来炼钢也极为麻烦，要先将棒状铁在炼钢炉里慢慢加热两个昼夜的时间，然后再将棒状铁深藏在炼钢炉内用石块组成的隔架中，再用碳粉一层一层地隔开，大约几天之后，棒铁呈现白热状态；再经过两天，等炼钢炉冷却，才能把已经变成钢的棒材抽出

来。这样炼出来的钢被称作泡钢，即渗碳钢。炼钢过程到此还没有最后完成，还要把钢棒一小段一小段地割开，放进只能容纳 40 磅和 50 磅的坩锅内熔化，每熔化一吨钢又需 2—3 吨焦炭。

贝塞麦在谈到自己发明的价值时说："若使用我的方法，则只需要 20～30 分钟就足够了……而且用坩锅炼钢只能生产 40～50 磅，若是改用我的方法则每次可以生产 5 吨钢。以往的办法生产每吨钢需要花费 50～60 英镑的费用，但用我的方式则每吨只需要 5～6 英镑就够用了。"

为什么能作出如此巨大价值的发明贡献呢？贝塞麦在总结自己的发明经验时这样说："比起许多研究同样问题的人，我有一个极大的有利条件，那就是我没有被长期既定的惯例所形成的观念束缚思想，造成偏见。我也未受害于现有的一切都是对的那种普遍的观念。"

发明后的悲欢

1856 年，贝塞麦陆续将自己的发明分别在欧洲的一些国家和美国申请了专利，并得到了批准。没有想到的是，他在美国的专利申请不久便遇到了麻烦。一位叫作威廉·凯利的美国人向专利局提出申诉，提出自己比贝塞麦更早发明了这种"无燃料炼钢法"。

原来这位威廉·凯利（1811—1888）是美国宾夕法尼亚洲匹兹堡的糖锅制造者 1847 年，他在肯塔基的爱丁博罗开办了一家铁工厂，开始试验新的炼钢方法。有一天，他偶然发现，当炼钢炉中铁水上面没有木炭覆盖时，向铁水中吹入空气可以得到高温。从这一事实中，凯利悟出通过吹入空气可以除去铸铁中所含的碳。由此，他发明了所谓"空气沸腾法"，其特点是使铸铁中的碳迅速燃烧而获得高温，这样就可以用极为简单的方法将硬而脆的铸铁大量地炼成钢。凯利到处游说，宣传这种新的"无燃料炼钢法"的优点，然而，没有一个炼铁业者相信他的这种炼钢法。

后来，凯利一个人离开故乡，到一个偏僻的森林里继续搞他的实验，并于 1851 年建造了七座采用这种新方法炼钢的最早转炉。在其后的五年时间里，他一直秘密地进行生产。直到 1856 年他才提出专利申请。这时他才知道英国人贝塞麦在这一年也发明了与他相同的炼钢方法，并取得了美国专利。为此，他向专利局提出了申诉。

1857 年 6 月 22 日，美国专利机关作出更正，承认了凯利的专利，正式认定凯利是最早的发明人，并撤销了贝塞麦在美国的专利权。实际上，应当是两个人独自发明了这种炼钢法。在发明史上，这样的事例可以说是屡见不鲜的。

如果说这件事对贝塞麦构成了某种打击的话，那么随之而来的另一件事则更令他沮丧。

1856 年 8 月 11 日，贝塞麦在切尔腾纳姆举行的英国科学振兴协会的年会上，发表了题为《不用燃料制造熟铁和钢的方法》这一论文，详尽地公布了他发明的炼钢法，并立即受到大多数钢铁厂主们的欢迎。钢铁公司掀起了建造"高炉"的狂潮，打算采用这种新方法炼钢。贝塞麦发明转炉炼钢法的时候，正是欧洲第一次工业革命方兴未艾之际。1830 年以后，随着铺设铁轨、制造机车、建造轮船、架设电报线路和生产近代武器等项事业的兴起，对钢铁的需要量也急剧增大。由于当时传统的炼钢方法效率很低，根本满足不了这一社会需求，所以迫切期望找到新的高效率的炼钢方法。这正是对贝塞麦的转炉炼钢法掀起投资狂热的原因。

但意想不到的是，他的炼钢方法一经开始推广就遇到了挫折。许多钢厂用此方法炼出的钢质量极差，这使钢铁厂商们大失所望，都愤愤地指责贝塞麦是一个"骗子"。用贝塞麦自己的话说，他热诚的努力得到的却是"最悲惨的"结局，"这是一次最可怕的打击。"

贝塞麦总有一股不服输的劲，他很快从逆境中走出来，再次进行实验，并发誓一定要找出原因。经过实验，贝塞麦终于弄清了自己的方法只能适用于含磷量极少的矿石，而不能使用含磷量高的矿石，因为其中的磷无法用氧化的方法来排除，因而残留在钢里并使钢质变脆。他第一次试验之所以成功，是由于他偶然使用了含磷量极少的铁矿石，而英国本地和欧洲大陆出产的矿石绝大部分是含磷量较高的铁矿石。这就难怪那些工厂炼出的都是质量低劣的钢了。

贝塞麦把自己再次实验的结果写成报告，公诸于世。可这一次，却没有人再愿意相信他，钢铁公司则明确向他表示不想再受一次打击。为了向世人证明自己的方法确实可行，贝塞麦决定自己来现身说法。他在1860年借钱在英国的谢菲尔德自办了一个炼钢厂。他从瑞典进口不含磷的铁矿石，用他发明的能倒入三十吨铁水的大转炉来冶炼。在他的工厂里，每十五分钟的时间就能炼出一炉钢，很快就生产出比其他炼铁厂便宜，而且质量好的钢。然后，贝塞麦以每吨一百美元的价格出售。这个价格比当时任何一个竞争者都低。为了证明转炉炼钢的可靠性，在1862年的国际博览会上，他展出了用他的转炉钢制造出来的大量产品——从刮脸刀片一直到大炮。

从此，贝塞麦的炼钢法又逐渐在各地推广开来，先是被英国的一些钢铁公司采用，后来又传入法国。1858年，法国的吉隆德建造了转炉。

1862 年，德国的"大炮王"阿尔菲德·克虏伯在埃森炼钢厂采用了贝塞麦法开始炼钢。1863 年，奥地利在多乌尔拉哈建造了贝塞麦转炉。在美国，转炉炼钢技术也被大量引进，到贝塞麦逝世的时候，仅在美国的阿巴拉乌州和怀俄明州，不仅采用贝塞麦法炼钢，而且冠以他的名字的炼钢厂就有 13 处之多。最终，人们还是普遍把这一新的炼钢方法称之为"贝塞麦法"。与贝塞麦相比，另一位最早发明转炉炼钢的威廉·凯利，却在争到专利权后不久，即告破产。由于他对这种新型炼钢方法的技术完善化和产业化无所作为，因而便逐渐地被人们遗忘了。

一石激起千层浪

贝塞麦的转炉炼钢法对于使用含磷低的矿石作原料来炼钢，确实是很成功的。但是毕竟由于这种方法在炼钢中不能把磷这种有害的杂质除掉，因而使它的应用范围受到了限制。为此，应该寻找一种在炼钢中脱磷的方法。在贝塞麦之后，有很多人对贝塞麦的炼钢方法加以改进，并取得了良好的效果。这其中有一位英国的年轻人，名叫托马斯。他为转炉炼钢法的全面推广作出了决定性的贡献。

托马斯早年丧父，在法院担任小职员的时候，接受了夜校教育，后来成了一名牧师。他在夜校的化学课上，听到了贝塞麦炼钢法存在的问题。从此以后，他便开始孜孜不倦地钻研化学、冶金学等教科书，同时着手进行实验。他所进行的工作，就是想找到一种来源广、成本低的能够使铁水脱磷的材料。他通过化学分析发现，贝塞麦的炼钢方法之所以不能除磷，是由于在铁水处于 1300 摄氏度的情况下，氧气确实可以与磷发生氧化反应，生成五氧化二磷，但随着温度升高，达到 1600 摄氏度时，五氧化二磷又发生分解，这样磷又回到钢水里去，所以炼出来的钢因含磷高而变脆了。针对这一问题，他想出了一个办法，这就是在炉料中加入石灰，使铁水中的磷与碳酸钙发生反应，生成可以沉淀的碳酸磷。这样一来又发生了另外一个问题：转炉的内壁都是用一种酸性的耐火砖砌筑的，叫酸性炉衬。当加入碱性的石灰之后，由于酸与碱的中和作用，便产生了对酸性炉衬的腐蚀作用，使转炉的炉衬寿命大大缩短了，没等炼几炉钢，炉衬就破损了。这又该怎么办呢？经过探索，他终于找到了一种白云石作原料的耐火砖作炉衬。由于这是一种碱性的炉衬，冶炼时当加入石灰之后，就不再对炉衬发生腐蚀作用了。托马斯用这种办法圆满地解决了炼钢中的除磷问题。人们把托马斯发明的炼钢法叫作碱性转炉炼钢法，相应地把贝塞麦的炼钢法叫作酸性转炉炼钢法。由于有了这两种互为补充炼钢方法，使得几乎任何一种矿石都能用于炼钢了。从此，转炉炼钢技术就基本上完善了。

贝塞麦转炉炼钢法的推广应用，使钢产量大增，产生了大量的工业废钢。于是又出现了如何利用废钢铁的问题，因为转炉炼钢只能利用铁水作原料来炼钢。凡是有问题的地方，就有发明家在探索。1864年，法国人马丁在英籍德国人西门子兄弟的帮助下，终于用废钢铁和生铁作原料炼出了优质钢，创造了西门子—马丁平炉炼钢法。平炉炼钢可不像转炉那样冶炼时间很短，炼一炉平炉钢一般需要24小时，但由于一炉可以炼出上百吨钢水，所以产量仍然很高。在以后的相当时期内，它与转炉炼钢法并驾齐驱，在各国推广应用。

转炉炼钢法的完善，平炉炼钢法的问世，使人类稳步地进入了钢铁时代。在19世纪最后的30年内，钢铁工业迅速发展。1870年，全世界钢产量为51万吨，到1900年则跃至2783万吨，猛增了50倍。大量生产钢又促进了炼铁生产，冶炼生铁的高炉日益大型化，有了钢铁又促进了各种轧钢技术的发展。轧钢机则可以轧制出人们所需要的各种各样的钢材。这真是一石激起千重浪。钢铁的洪流最初正是由于贝塞麦转炉炼钢法的问世所引发的。廉价而又大量生产钢的方法的出现，更使许多工业奇迹从梦想变成现实。今天的人们仍然享用着钢铁带给人类的幸福。因此，人们不能忘记钢铁时代的开创者——贝塞麦。

贝塞麦在发明转炉炼钢法之后，一刻也没有止步，继续热衷于技术发明的活动。他一生共取得 120 余种专利特许权，其中绝大部分是在他完成转炉炼钢的发明之后搞出来的。鉴于他在技术发展中所做的贡献，因而被选为英国皇家学会会员。

贝塞麦作为一个富有的名人、杰出的发明家，度过了自己的晚年。1879 年，他被英国国王授予爵位，1898 年于伦敦逝世，终年 86 岁。

互换式生产方式的发明人惠特尼

　　会骑自行车的人，大概常遇到这样的事情，车上的一个螺钉丢了，或一个零件坏了，马上到修车铺或商店里，再买一个换上就可以了。由于新买来的螺钉或零件和原来的大小尺寸、规格完全一样，可以互换，所以才能非常容易地把车修好。假如不是这样，螺钉和零件都要到自行车制造厂去现加工，那就要麻烦了。不仅要费时间，而且加工出来的零件也不一定正好和原来的一样。可是在 200 多年以前，人们就是这样生产的，无论是手工业作坊，还是机器制造厂，不仅生产出来的产品规格不完全一样，而且其零件也不完全相同。即使是枪炮制造厂生产出来的枪在使用时某个零件坏了，也要拿回制造厂去修理，因没有相同规格的零件可以备用。在 19 世纪初的时候，有一个人看到了这种生产方式的弊端，发明了一种新的生产方式，使螺纹和零部件的生产实现标准化，保证零部件之间可以互换。这种生产方式就叫作互换式生产方式。这种方式推行，不仅克服了上述生产中的弊端，而且又可以使生产效率大大提高，并为人类生产进入大批量的生产时代作了准备。发明这种生产方式的人，就是美国发明家惠特尼。

年少的"生意人"

　　1765 年 12 月 8 日，埃利·惠特尼出生位于美国东北部的马萨诸塞州

的威斯波罗。祖上世代务农，父亲在新英格兰州有一家农场。家里还开
设了一个生产各种轮子的小作坊。埃利小时候，父亲常带他去农场，一
心想让他学会务农及饲养牲畜，以便将来经营农场。可埃利偏偏对农活
不感兴趣，而对摆弄机械则表现出强烈的兴趣。父亲也发现，小家伙在
农场时总是无精打采的，可每当进了小作坊，摆弄这个，干干那个，脸
上却一副欣喜的样子。父亲见他对摆弄机械如此感兴趣，也就不再带他
去农场，干脆让他跟着在作坊里干活。对于使用工具干机械活，小埃利
还真挺有门道。不久，父亲就发现，他能很熟练地制造农耕用工具，制
作金属丝和铁钉等，而且作出的活的质量，比作坊里聘请的"大工"作
的活也不差多少。有一次父亲发现埃利居然偷偷地把他的怀表给拆开了。
当时一块怀表往往是普通家庭中最值钱的家当之一，所以父亲不免有些气愤，申诉了小埃利几句。埃利赶紧谎称说刚才看怀表不走了，他想一定是被油泥滞住了，拆开是为了清理油泥。他向父亲发誓说，一定能把它装好。果然，不一会儿的功夫，他就麻利地把怀表装好了。看到怀表又嘀嗒作响地走了起来，父亲转怒为喜，着实夸奖了他几句，并责成他定期为怀表清理油泥。

小惠特尼的童年时代，美国还是英国的殖民地。但在这块主要由世界各地移民组成的殖民地上，一个新兴的民族——美利坚民族正在形成。他们对英国的殖民统治表现出日益强烈的不满，最后终于酿成了与英国军队的武装冲突。1776年7月4日，英国领地上的十三个殖民地主张从本国分离出去，并发表了独立宣言。这便是后来的美利坚合众国的雏形。随之而来的是新生的美国向其宗主国——大不列颠联合王国寻求解放的独立战争。当波士顿附近的莱克星屯从没有来复线的旧式步枪发出美国独立战争第一枪的时候，埃利·惠特尼刚好九岁零四个月。

还不到十岁的惠特尼，此时却已表现出了精明的生意头脑。当同年龄的孩子被战争的枪炮声吓得偎在母亲怀抱中的时候，惠特尼却看到由于战争的影响，使钉子的需求量骤增，钉子的价格也一涨再涨。为此，年纪很小的惠特尼征得父亲的允许，开办了一个小铁铺，自己动手制造钉子和一些小工具，并获得了良好的销路。到了独立战争即将结束的前夕，对钉子的需求急剧下降，随之钉子的价格也暴跌。惠特尼的小铁铺的生存受到影响。仅有十多岁的惠特尼便已尝到濒临倒闭的危机，但此时的他仿佛已懂得及时转向，才是商业上从困境中求生存的成功之道。为此，惠特尼外出为他的小铁铺谋求新的出路。

他先是找到一家五金商店，说可以成批提供简易扳手，店主告诉他，扳手的需求量很小。他又找到了一家鞋厂，声称可以为他们提供鞋钉。鞋厂老板见是一个"毛孩子"，以为他在开玩笑，惠特尼赶紧拿出自己带去的样品，老板验看后觉得质量还算可以，但他还是告诉惠特尼说："很遗憾，小家伙，我们已经和其他铁铺签有合同。如果你能等，一年后我想我们可以合作。"这个回答对惠特尼来说仍然意味着要关闭店铺。在一个多月的时间里，他跑遍了沃斯特波罗附近几乎所有地方，寻找可能的合作伙伴，但结果都让他失望。

有一天，惠特尼正呆在家里，为生意上的事一筹莫展而烦心。母亲此时正要出门，在镜子前面整理着行装，她见儿子坐在那里显得百无聊赖，一副无精打采的样子，便转过身来关心地问他，是不是身体不舒服。惠特尼扭头看了母亲一眼，正要说些什么，突然，他发现母亲的行装与往常比有些异样。再仔细一瞧，发现是由于母亲帽子上那条平日用来系帽子的彩色缎带不见了，但却多了一只十分精致漂亮的饰针。他问母亲这是怎么回事。母亲告诉他，现在美国妇女已不时兴用缎带系帽子了，而改用这种饰针把帽子别在头上。一句话提醒了惠特尼，他联想起自己在外跑生意这一个多月，似乎也看到过类似的饰针，但好像都是别在一些看上去是有钱人家的女子或贵妇的头上。想到这里，他不禁眼前一亮：如果自己的铁匠铺能生产出更便宜的帽子饰针，普通人家的妇女一定会愿意购买。他知道物品流行的趋势一般是随着价格的降低，便会自上而下流行到下层。

拿定主意后，他首先购买了市场上正在出售的几种饰针，研究了它们的样式和结构。他觉得这种东西，凭他自己铁铺现在的力量，制作起来不会有什么困难。但问题是如何才能使生产成本降下来，从而吸引女顾客们都来购买。凭现在的手工制作方法，是很难达到这点的。于是，惠特尼想到了机器。他想，如果能搞出一种制作饰针的机器，则一定会使生产效率提高，从而降低成本。为此，他经过一段时间的探索、试验，终于制造出做帽子饰针的机器。他的小铁铺从此便开始制作帽子饰针。一投放市场，便以低廉的价格、别致的造型而赢得女性们的青睐。这样，惠特尼的小铁铺走出了濒临倒闭的困境，获得了新的生机。他本人也因销售量日盛而攒了一大笔钱。

"你是我们盼望的上帝"

独立战争结束后，美国曾一度陷入了十分困难的境地。初获自由的人们，穿着破旧的衣服，忍饥挨饿，全国上下处于一片混乱萧条的状态。但这种艰难困苦的岁月，也造就了一批善于开拓、勇于进取的人们。他们为使自己和国家摆脱痛苦的状况而不懈地奋斗着。这些人便是美国日后繁荣的创业者和奠基人。埃利·惠特尼就是在这个年代里成长起来的。

随着年龄的增长，惠特尼渴望受到教育，开阔眼界，父亲也一心想让他将来当一名律师。1788年，22岁的惠特尼放弃了经商，进了康涅狄格州的耶鲁大学学习法律。在他大学一年级时，即1789年，合众国的宪法获得批准，一个新的国家诞生了。具有爱国热情的青年惠特尼，为自己成为新国家的公民而自豪，他和同学们曾为此而举办过一个大型的"派对"（Party）以示庆祝。在大学的四年时光中，惠特尼如饥似渴地吮吸着知识的甘泉。他的兴趣很广泛，虽然他学的是法律，但他同时阅读了大量有关科学、宗教、文学、艺术的著作。除了关心政治，他还很关注当时技术的发展，对技术方面的书籍和杂志也时常浏览。大学时代获取的广泛的知识，为他日后的成就奠定了基础。

1792年，惠特尼以优异的成绩从耶鲁大学毕业。毕业后，他准备先到乔治亚州去当一段时间教师，然后再设法去当律师。然而就在他去乔治亚州的途中，他遇上了两个人，从而改变了他一生的命运。

他搭上一艘前往乔治亚州的轮船。在途中，他与同船舱的两个旅客谈得很投机。在谈话中他了解到，这两个人是乔治亚州萨巴拿的农场主纳萨埃尔·格林夫人和他的事务经理人菲尼亚斯·米勒。而这位格林夫人正是那位在独立战争中建立卓越功勋的格林将军的遗孀。她所拥有的农场即是美国政府为了表彰将军的功绩而授予她的。格林夫人对眼前这位知识渊博、谈吐不凡的年轻人十分赞赏，便热情地邀请他下船后到自己的农场逗留几天，一为散散心，二为她的孩子们指点一下功课。出于敬仰和一路上建立起来的友谊，惠特尼欣然前往。

　　格林夫人的农场位于乔治亚州风光秀丽、气候宜人的萨巴拿地区。惠特尼一到达这里便被这里的景色吸引了。他心中所蕴藏的文学天赋，在这里似乎得到了共鸣。他每天陪伴着格林夫人和米勒先生走在去农场的路上，放眼望去，满目苍翠，高大的棕榈树和低矮的剑麻相映成趣，在树丛和远处淡淡的远山之间，是一片片绿色的棉田；一颗颗绿色的棉桃，在清晨的阳光的映衬下，像串串晶莹的"祖母绿"宝石一样，令人感到可爱。每当面对这样的情景，惠特尼的心中就会产生某种冲动，那是一种诗人般的创作冲动。他甚至真的萌生过想当田园诗人的渴望，所

以他在给格林夫人的孩子们上课之余，便潜心创作，写了一些讴歌田园景致的诗歌和散文。为此，他还辞去了原先打算赴任的教师工作，在格林夫人这里专心地当起了家庭教师，并且经常陪格林夫人去农场巡视，希望在大自然母亲的怀抱里搜寻创作的灵感。就这样不知不觉间，他在这农场已逗留半年多了。格林夫人是位善于交际的女性，她的家也是附近的绅士、农场主以及贵妇人们经常聚会的沙龙。惠特尼很喜欢这个沙龙，因为这些有教养的人每次在这里相聚，都像是一次文学、艺术、音乐及时事的恳谈会。他们不但个个能言善辩，而且经常带来各种新奇的消息。当然他们也常常谈及收成、生意和赚钱等他们最关心的事。惠特尼很快地与这些人混熟了。有时，他还将自己创作的诗歌在沙龙里朗颂，经常赢得热烈的喝采和掌声。他们都公认这位年轻而且亲切近人的惠特尼先生将来会成为一名优秀的诗人或文学家。但他们没想到，是他们的一次偶然的谈话，却使这位年轻人走上了截然不同的生活道路。

在这个时期，欧洲的产业革命已经波及这个新兴的国家。动力纺纱机和织布机等新技术在美国正在迅速地推广，从而使美国的纺织业得到了突飞猛进的发展。对棉纱需要量的日益增加，为棉花的大量种植开辟了广阔的前景。美国的南方即是棉花的主产区。但这里能长好的只有一种短纤维的、有着绿色棉籽的棉花。坚硬的小棉籽牢固地粘在棉花里，使除棉籽的工作很难进行。当时乔治亚地区的农场中，一个黑奴一天要干上十几个小时，也只能从 3 磅仔棉中剥出 1 磅棉花。在有一天的沙龙聚会中，一位农场主谈起了这个问题，立即引起其他人的同感，纷纷抱怨剥棉的工效太低，以致影响更大规模种植，眼睁睁地看着大把的钱却挣不到手。最后格林夫人感叹了一句：要是上帝能赐给我们一种剥棉花的机器来代替人的手指就好了。说者无心，听者有意。从小就对机械感兴趣的惠特尼，仿佛心中久已搁置不用的另一根琴弦被轻轻地拨了一下，使他不自觉地动了动身子。他的眼前立即浮现出自己少年时期创立的小铁铺，妈妈帽上的饰针，一台台凝结着自己心血的饰针制作机器……一股童年时代的生活气息便迎面扑来，使他倍感亲切。

人生往往如此，童年时代的向往，会左右人一生的追求。尽管这种向往可能是很不切实际的，带有梦幻般的色彩，但愈是如此，追求的热望就愈强烈。那天夜里，惠特尼几乎度过了一个不眠之夜。他的心再次为童年的梦想激动着，那是立志要成为实业家的梦想。这个梦想的飘带，如果说在大学的几年中断开了，那么今天又被他接续上了。格林太太一句漫不经心的话，却使他下定了要重返童年梦幻的决心。而且，他觉得他现在离这个梦幻的实现，比以往任何时候都更贴近了，甚至只有一步之遥。他想到南方大量的棉田，就好像已经看到了他制造的剥棉机器正在一台一台地被运出工厂，运往南方所有的产棉区。

从此，他不再醉心于农场四周的田园美景，却一门心思地研究开了曾让他感到可爱的小棉籽。他在琢磨用怎样的方法能把包在棉花中的小棉籽迅速剥离出来。琢磨得有点眉目后，他向格林夫人借用了她农场中的小仓库，并找来了各种工具，开始动手试验。经过艰苦努力，在1793年，他终于在格林夫人的农场里发明了将棉籽从棉花中快速脱下的机器——轧棉机。这种机器装有一个滚筒，上面带有锯齿状尖锐的铁齿；当它旋转起来、碰到籽棉时，铁齿从窄隙中将棉花从棉籽中拉出来，棉籽则由于不能通过狭窄的间隙而被残留下来，掉入到下面的斗中，机上有刷子把齿上的棉花加以清除，然后打包。这种后来被美国人称为"简单得出奇"的机械，在最初手动的情况下就创造了比手指劳动效率高出五十倍的工效。

当格林太太派米勒去通知她的朋友们来观看惠特尼表演轧棉花机时，这些平日儒雅斯文的绅士们惊得目瞪口呆，竟有些不相信自己的耳朵："哪个惠特尼先生？你大概不是在说那个白面书生埃利吧？"米勒回答说："正是此人。""我只知道他很会写诗，难道他还懂得机械上的事？"

这些半信半疑的人，站在格林太太的庄园里，面对着一台遍布尖齿的滚筒机器时，仍在怀疑是谁要跟他们开一场不大不小的玩笑。惠特尼摇动着机器把手，大团大团的棉花从机器上滚落，很快就在机器前形成了一座小山，此时，这些人才相信了眼前的事实，禁不住个个变得喜形于色。格林太太第一个走上来拥抱亲吻了惠特尼。她用颇为激动又略带调侃的声音说："噢，亲爱的埃利，没想到你就是我们盼望的上帝。其实，你开始和我说你想制作轧棉花机时，我只是出于满足你的好奇心才答应支持你的。"其他人也都过来和惠特尼拥抱，祝贺他的成功。米勒则当场提出，他愿意出资与惠特尼合伙生产轧棉花机。

于是，惠特尼辞去教师的工作，与米勒合作在康涅狄格州的纽黑文开办了一家机械制造厂，开始生产轧棉机。随着轧棉机的推广，过去并未受到重视的棉花生产，在美国南方以惊人的速度发展起来。在惠特尼发明轧棉机后一年左右的时间里，美国的棉花生产就从三百万镑增加到八百万镑。在六年后的 1800 年，则猛增到三千万镑。到 1820 年达到一亿六千万镑，1825 年增加到二亿二千万镑。其间，庄园主们为了扩大棉花的生产，也在拼命地扩充自己拥有的黑奴的数量。也许由于惠特尼轧棉机的发明，促进了南方蓄奴制度的发展，成为五十年后美国南北战争的一个诱因。

逆境中诞生的"互换式生产"

惠特尼工厂中的工人，大部分是从当地农民中招收的，缺乏必要的技术训练，机械制作的经验和技能都较差，造成工厂的生产率很低，质量也不高。惠特尼为招聘不到技术高明的工匠而十分苦恼，他不但要负责生产的管理、产品的销售，还要担当技术上的指导，有时还要亲自操作，十分辛苦。面对这种情况，他的脑子又开始转动起来。他想，能不能想一种新的加工办法使笨人也能加工和组装出机器呢？当时的生产方式是每个工人要负责生产一台机器的全部加工、制作和装配工作。就是说，每个工人要先用切、铣、刨、钻等方式，加工好一台轧棉机的全部零部件，然后再把它们组装成一台完整的机器。这样，一个工人要同时掌握多种加工技术，还要懂装配。另外，每个人加工的零部件只能适用于本人制作的机器，别人制作的机器想使用是不可能匹配的。一旦机器在使用者那里出现了损坏，也只能由原来的制造工人为其提供零部件。显然，这是十分不便的。

一次，惠特尼去看望格林太太，顺便察看一下自己送给她的轧棉机的工作情况。在那里，他看到一台轧棉机前，三个黑人妇女在紧张地忙碌着，一个负责传送籽棉束，一个负责操作机器，另一个负责打包。三个人配合默契，干得井井有条。看着三人熟练的动作，惠特尼忽然感到自己的问题有办法解决了：可以把轧棉机分成各个部件，一个工人只制作其中一种。把这样分头加工出来的部件，再由一批人专门负责组装，不就可以迅速获得大批机器，而又可以大大地降低每个人的操作难度吗！

这个想法使他感到振奋，但遗憾的是还没等他把这种想法付诸试验，自己就陷入了旷日持久的维护专利权的官司之中。

本来，惠特尼在发明轧棉机后不久，就来到了当时的首都——位于美国北部的费城，申请专利，并在一年后，即1794年，获得了专利权。但回到南方后不久，他便发现几乎整个美国南部都在公然盗用他的发明，很多农场都仿造了轧棉机。惠特尼决心要维护自己的专利权。在此后的几年中，他因为专利被盗用而不断打官司，为取得补偿费而疲于奔命，还要面对盗用者的百般攻击和辱骂。官司没打清，他又接连遭受不幸。

1796年，惠特尼因控告他人侵犯自己的专利而花费了一大笔钱，而法院的判决又是不了了之。轧棉机的专利再一次被践踏。可就在这时，为他的工厂运送轧棉机的船遇到暴风雨而沉没。紧接着，工厂又遭受了火灾，把机床、工具、工作台和设计图纸连同制造出来的轧棉机统统都烧毁了。真是"屋漏偏遭连阴雨"，一时把他弄得心力交瘁。1797年，他在写给合伙人米勒的信中曾哀叹道："灾难接二连三，困难重重。为了事业能继续坚持下去，需要百倍地努力。尽管我竭尽了全力奋夺，然而，情况还是很糟。"终于，惠特尼不得不放弃了轧棉机的生产。

就在惠特尼为今后的出路一筹莫展之际，加勒比海上的枪声为他带来新的希望。1798 年，那里发生了法国攻击美国船只的事件，两国之间面临开战的危险。为了加强防御力量，美国政府正在考虑制造大批步枪以装备军队。

对于此时的惠特尼来说，这一消息简直是天大的喜讯。他先给在政府要害部门工作的一位耶鲁校友写了一封信，探听虚实。这位校友给他的回信证实了这一消息，同时告诉他，现在的关键问题是时间，必须在较短的时间内完成大量枪支的制作，问他是否有把握。惠特尼马上想到了一种新的生产方式。如果在枪支的制造中采用这种生产方式，就可能在短时间内造出大量的产品。他赶快再次写信给他的校友，谈了这一想法。这位校友对这一设想甚为赞赏，并告诉他，政府目前正在考虑寻找制枪的委托人，现在已有一些人选，但由于任务量巨大，政府官员普遍认为必须找一个制枪械的名手，否则难以保证完成。他同时认为，惠特尼虽然没有制造过枪械，但由于发明了制造轧棉机已使他成为闻名全美的"机械能手"，申请这批订货还是大有希望的。这位耶鲁校友在信中还表示，如果他申请，他会发动在有关部门工作的其他校友尽力为他活动。

于是，惠特尼按照这位校友的指点，给美国财政部长写了一封信。在信中，他表示自己准备接受 15000 支步枪的订货，并谈了他准备采用互换式生产方式的设想："我打算用一种全新的生产方法来完成这批订货，即用机器生产枪支的各个部件，以保证不同枪支的同一部件完全同一规格。这样，部件既可交换，又可迅速组装。也许在不到两年的时间内，我便可完成 15000 支枪的订货。"

这种生产速度当时从来没听说过，由于美国政府当时以为战争已迫在眉睫，并由于惠特尼的声望和他那些有影响的耶鲁校友们的活动，尽管有少部分人表示怀疑，但大多数官员都把惠特尼关于大量生产武器的建议，看作是对美国天赐的幸运。终于，美国政府接受了惠特尼的请求，由政府内阁成员沃尔柯特出面和他签订了一个生产枪支的合同。合同规定，惠特尼要在两年之内向美国政府交货 1 万支步枪，价值 134000 美元。

惠特尼用了三个月的时间进行开工的准备工作。他购置了一些新的机床，招聘了新的工人，并按照他关于互换式生产的设想，进行了工艺、工区和工位的重新布置。新的工艺方法一改过去工人各自为战的局面，设置了专门化的零件铸造车间、锻压车间、机械加工车间和成品装配车间。惠特尼满以为，经过这样的工艺调整，实现枪支的大量生产就没有什么问题了。但实际投产后，马上遇到了新的问题，枪支的各种零部件是可以成批地生产了，但由于其加工是靠工人的手和视觉来进行的，这就不可避免地会因手的抖动或视觉误差而使精度无法保证，加工出来的大量零部件，绝大部分都因尺寸不合而无法装配。要想生产出成品，往往需要切短或用锉进行加工。这样，等于是为装配工人遗留下大量的后续加工工作，而且只能用手工的方法才能达到精度要求，工厂的生产效率因此而大大降低。令惠特尼感到沮丧的是，采用新加工方法并没有比传统方法体现出什么优越之处。

惠特尼焦虑不安。照此下去，将无法及时完成订货。他按当时的生产效率推算了一下，两年的时间只能完成订货量的五分之一。这样一种推断结果，令他十分悲哀，同刚争取到订货时的心情相比，仿佛是刚刚爬上了希望的山巅，又重新坠入了绝望的谷底。难道"互换式生产"的设想行不通？此时的惠特尼正经历着他人生中第二次情绪低潮的冲击。想到发明制造轧棉机所经历的种种不幸遭遇，想到众校友们为自己的奔波和信誓旦旦的保证，想到沃尔柯特在合同签字仪式上对自己信任和期待的目光，惠特尼真有些"无颜见江东父老"之感。

哀大莫过于心死。但惠特尼却偏偏不是那种容易死心的人。在经历了再一次情绪低落之后，他终于走出了感情的旋涡，开始冷静地面对现实。他想，现在不是考虑荣辱得失的时候，而必须找出解决问题的办法；即使自己这次真的没能完成订货，也要探索出一条实现大批量生产切实可行的路子。

带着这样一种信念，惠特尼又投入了紧张的工作中。经过分析，他认定"互换式生产"的设想，作为一种原则、方向是正确的，关键是要设法保证零部件的加工尺寸的精密度，才能切实做到"随时随地"的互换式装配。这意味着还必须为新生产方式的实施进行必要的技术准备工作。

两年的订货期限转眼就要到了，可惠特尼为机器设计各种保证加工精度的模具、夹具等方面的工作才刚刚开了个头。眼看不能按预期交货，惠特尼心急如焚。他知道违反合同规定的后果不但会被取消订货，而且还要赔偿损失。恰在这时，他那位曾为他获得订货合同而奔走的校友，也写来信件，告诉他，由于他将无法按期交货，那些原本对他的设想即表怀疑的议员和官员，已向总统提出质疑，责备政府不该轻率地将关系国家命运的大宗订货交给一个异想天开的人去冒险。对此，这位校友希望惠特尼能有所交待。

经过慎重考虑，惠特尼认定，只要将"互换式"的好处展示给人们，就一定会打消人们的疑虑。那样，在目前战争局势已趋缓和的形势下，继续延长订货也就不会有什么问题了。于是他拿定主意，要进京作"当场表演"；并写信请这位校友代为向政府部门转达。

1801年的一天，惠特尼携带着一堆已加工的金属铸件来到了刚迁移不久的首都华盛顿。在新落成的总统府白宫门前的绿色草皮上，总统亚当斯带领着内阁全体成员和为数众多的国会议员们，正等着观看惠特尼的"现场表演"。只见他把一堆金属零件在草皮上摊开来，在众多高官显贵们怀疑的眼光下，信手从零件堆拿起零件组装，很快就装成了十支复杂的滑膛枪机。一位武官征得总统的同意，饶有兴趣地将十支步枪中都压上了子弹，对准前面的靶子便是一通射击，结果证明了惠特尼用这种方式装出的枪支支好使。平时矜持自重的官员们，这次也禁不住鼓起掌来。总统亚当斯也满意地点点头，微笑着问他："年轻人，你既然有这样好的办法，为什么却不能保证使你按期交货呢？"惠特尼如实地回答说，尚需一段时间的技术准备工作，就一定能保证两年生产一万支枪的速度。总统回头问众阁员和议员："我看让他的'冒险'行动继续进行下去，诸位不会反对吧？"众人皆点头称是。这样，惠特尼并没费多大力气便获得准许可以延长合同期限。

后来，惠特尼用了十多年的时间才完成这批订货，其中绝大部分时间都花在生产的技术准备工作上了，而真正的生产工作是在最后两年内完成的。事实上，即使在今天，各式机床、工量夹具一应俱全的情况下，为新产品作准备还是可能比实际生产更花费时间，更何况在惠特尼接受订货的1798年，进行精密加工的机床还没诞生，包括各种模具、夹具在内全靠他自己去发明制造呢！

惠特尼用了八年多的时间，设计制造了多种满足互换式生产要求的机床，其中主要是制造出一台能准确地切削金属的铣床。更具深刻意义的是，他为保证加工精度，而发明了各种模具和夹具。运用模具，即使再笨拙的工人也可以按正确的尺寸加工零件。为了不用手直接把握工具，他还设计出使工具保证正确位置的夹具。因此，无需再依赖工人颤抖的手和不准确的视力进行加工了。此外，他还设计了自动停止装置，当切深或直径达到所要求的尺寸时，刀具就会自动停止进给。借助模具和夹具进行加工的方法，是当时世界上任何其他地方都还没有的一种新方法。这样，惠特尼通过调整加工路线，用模具、夹具保证加工精度的方法，完成了互换式生产方式的建立，从而为大批量生产体制的确立奠定了技术基础。惠特尼在康涅狄格州密尔河畔建立起来的惠特尼工厂，成为后来位于鲁热河畔以大批量生产而闻名世界的福特汽车制造厂的雏型。因此，惠特尼被认为是开创大批量生产体制的鼻祖。

惠特尼长期刻苦钻研，辛勤工作，积极探索，勇于创造，这些都是他取得成功的重要因素。但更为重要的是，他有着灵活机敏的头脑，善于在逆境中捕捉新的机遇，及时转向；而当方向一旦认准，又百折不挠，坚持到底，这样一种气质和风格，使他不仅仅是一位普通的发明家，而且成为具有划时代意义的新生产方式的创立者。

由于惠特尼把主要精力都投向了他热爱的事业，无暇顾及个人生活，所以他直到 51 岁时才结婚，并生有一子。1825 年 1 月 8 日，这位伟大的发明家在康涅狄格州的纽黑文逝世，终年 60 岁。这位心地善良的人，没能活到亲眼看见，由他的轧棉机给予新生命的奴隶制竟酿成了一场南北战争，而用他的互换式生产方式所提供的来复枪，其数量和效能竟使这场战争成为美国历史上流血最多的一次。